# 脱・筋トレ思考

平尾 剛

JN208589

ミシマ社

# 『脱・筋トレ思考』

平尾　剛

# まえがき

現代スポーツには勝利至上主義や商業主義、過度な競争主義がはびこっている。勝利、カネ、ランキング上位といった、目に見えてわかりやすい目的を掲《かか》げ、それに向けてシンプルな方法で解決を図る考え方を、本書では「筋トレ主義」と呼ぶ。筋肉さえつければパフォーマンスは高まるという単純思考が、スポーツ界でまことしやかに広がりつつあることに、私は一抹《いちまつ》の不安を感じている。

動きを身につける、あるいは動きをより精妙《せいみよう》にしてゆくために筋力が大切なことは、元ラグビー選手だからよくわかる。だが、ことはそう単純ではない。スポーツ界を見渡してみれば、それほど筋力がなくとも高度なパフォーマンスを発揮する選手はざらにいる。小柄ながら力強いプレーを披露する選手のパフォーマンスは、けっして筋力だけで測ることができない。つまり筋力以外のなにかが、そこには確実に関与している。

彼らのハイパフォーマンスを支えるものとは、いったいなんなのだろう。

この問いから思考は深まり、複雑になってゆく。生まれながらの運動神経か、それとも意欲や精神力などの心理的な側面、あるいはその人特有の身体感覚が為せる業《わざ》なのかと、あらゆる角度から思索を重ねなければ答えには辿り着けない。

思考の軌跡がいくつも折り重なるなかでようやく見えてくるもの、それがハイパフォーマンスを支えるものである。からだにまつわる現象は、単純思考で一刀両断にできるほどシンプルではない。だからこそ、あらゆる角度からの思索を同時並行的に繰り返す思考の仕方が求められる。こうした問いを、一刀両断に解決しようとする「筋トレ主義」では、求める答えに辿り着くことはできない。

これはなにもスポーツだけにかぎらない。

たとえば教育の現場がそうである。

児童や生徒、学生の成熟こそが本来の目的であるはずなのに、試験の成績というわかりやすい指標でそれを測ろうとする風潮ができつつある。ある自治体の首長《しゅちょう》は小中学校で学業成績を教員の人事評価やボーナスの参考にするという構想を打ち出した。そもそも学校は、そこに通う子ども一人一人が市民的成熟を果たす場としてある。さまざまな科目を学ぶことを通じて子どもたちは「おとな」になってゆく。それを支えるのが教師の仕事であり、教育であるはずなのに、いつしか学業成績に過度に重きを置いて教育効果を評価する目が生まれてしまった。教育に携わる立場からすると目を覆うばかりである。

この学業成績を営業成績に置き換えると、一般企業でも同じような事態が進行しているといえる。数年前に大学を卒業し、とあるスポーツジムに就職したゼミ生が、会員の勧誘にノルマが課せられ、その数字だけを見て叱咤《しった》されることに嫌気が差してわずか三カ月で退職を決めたと聞かされた。仕事内容ではなく数字の推移だけで評価されるそのシステムに耐えられなくなったのだという。ここにもまた「筋トレ主義」という単純思考が幅を利かせている。

本書は、スポーツ界のみならずいつしか社会全体にまで広がり、知らず識《し》らずのうちに内面化しつつある、この「筋トレ主義」を乗り越えるための思索である。複雑に絡み合った現象を、その複雑さを損なわないように根気強く紐解《ひもと》いてゆく思考を「脱・筋トレ思考」と名付け、その道筋を描いてみた。スポーツに関わる人でなくとも、自身の身近な問題に引きつけて、ぜひ最後まで読んでみてほしい。

# 脱・筋トレ思考　目次

# 第1章

# 脱・筋トレ宣言

## 筋トレはどこまで必要か？

### 慢性的な運動不足の現代人

今や筋力トレーニング（以下、筋トレ）全盛の時代である。競技力の向上や健康の維持には筋トレが効果的であるとの考え方が人口に膾炙《かいしゃ》して久しい。卓越したパフォーマンスを生み出す源《みなもと》として、あるいは健康的に日常生活を送るために筋トレは不可欠で、筋肉を鍛えればほとんどの不調は解決できる。そう私たちは考えている。体幹トレーニングをはじめ、本屋には各メソッドについて書かれた本が山積みされ、街のあちらこちらに次々とスポーツジムが開業している現状もそれを物語っている。

部活動をはじめとするスポーツの現場に目をやってみても、指導の一環として筋力の足りなさを指摘する指導者は多い。

たとえば私が十九年間にわたって取り組んだラグビーでは、プレーに力強さが足りず、見た目にも華奢《きゃしゃ》な選手には必ずといっていいほど筋トレが推奨され、ベンチプレスにスクワット、デッドリフトといった大筋群《だいきんぐん》（大胸筋《だいきょうきん》、広背筋《こうはいきん》などの大きな筋肉）を鍛えるメニューが提示される。タックルで押し負けたり、キックの飛距離が伸びないのはそもそも筋力が足りないからで、だからまずはそこを鍛えるようにと監督やコーチ、トレーナーから指導されるわけだ。

あるいは加齢などによる心身の不調を訴える人たちにも筋トレは勧められる。

あとで詳しく述べるが、からだをそれほど使わなくても生活できるのが現代社会である。この社会で生きる私たちはどうしても運動不足になりがちで、日本整形外科学会は二〇〇七年に、運動器の障害によって移動機能の低下をきたした状態である「ロコモティブシンドローム（運動器症候群）」という概念を提唱した。

「ロコモ」と診断された人には筋トレをはじめとするさまざまな運動が対処法として提示される。筋肉や関節、靱帯《じんたい》や神経などのからだを動かすために関わる組織や器官の不調が原因なのだから、当然といえば当然である。

またダイエットを試みる人も精力的に筋トレに励む。直接的に脂肪を落とすには、ウォーキングやランニングなどの長い時間をかけて心肺を働かせる有酸素運動が効果的なのだが、太りにくく痩せやすいからだを作るためには筋肉をつけて基礎代謝量を高める必要がある。有酸素運動で脂肪を落としながら、それと並行して筋トレを行い体質改善を図るというのが、ダイエットの基本的な考え方である。

テレビCMなどで見かけるダイエットに成功した有名人も、おそらくはこの考え方に基づいて組み立てられたメニューをこなして理想的なからだを作り上げたにちがいない。オイルを塗り、化粧を施《ほどこ》し、光の当て方に工夫を凝《こ》らして、成功後の肉体を過剰にきらびやかに見せるそのやり方はどうかとは思うが、明らかに変化したからだを目《ま》の当たりにした視聴者には驚きとともに羨望のまなざしを向ける人もいるだろう（と同時に、自分とは隔《へだ》たった世界での出来事として冷ややかな視線を浴びせる人もいるだろう）。

競技力を向上させるため、また慢性的な運動不足を解消する、あるいは体脂肪を落として健康なからだを維持するためにも、筋肉は大切だ。これには今さら疑う余地がない。だからこそ多くの人たちがそれぞれの目的に向かって、日々せっせとバーベルやダンベルを持ち上げている。

今日の社会ではそれほどからだを使わなくとも生きていけると先に述べた。

車や電車などの交通手段が発達し、街の至るところにエレベーターやエスカレーター、ムービングウォークが整備されて、ほとんど歩かずとも街中を移動できる。「ほとんどバイク」の電動機付きアシスト自転車もそうだ。年配の方が急坂を立ち漕《こ》ぎもせず涼しい表情で上がっていく風景にも、もう驚かなくなった。また、重い荷物もキャリーバッグを転がせば担《かつ》がなくてすむからラクに移動できる。

社会の隅々にまで広がった「西洋式の生活スタイル」もまた、からだの衰えを加速させるといわれている。

椅子と洋式トイレは「しゃがむ」という行為を必要としない。床にしゃがみ込む動作は股関節を深く折りたたむ必要があるが、椅子に腰掛けるときの角度はほぼ九〇度ですむ。椅子に座るときと比べて畳《たたみ》などの地べたにしゃがむときの煩《わずら》わしさを思い出せば、それぞれの動作にともなう関節の可動域や筋力に差があることは体感的にわかるはずだ。

つまり、モータリゼーションが進み、便利さを追求し続ける現代社会に生きる私たちはどうしても慢性的な運動不足に陥る。筋肉は使わなければ衰えるから、日常生活にただ身を委《ゆだ》ねていると、知らず識らずのうちに私たちのからだからは筋肉が削《そ》ぎ落とされてゆく。

だからあえて運動を行う必要がある。その方法のひとつに筋トレがあり、現代人に必要な営みとしてその絶大なる効果が「まことしやか」に巷間《こうかん》に広がっているわけである。

## 筋トレは「しなやかな身のこなし」を阻害する

スポーツにおける競技力向上において筋トレはその効力を発揮する。最大筋力が上がればパフォーマンスの向上につながることは言わずもがなで、その効果は選手時代に長らく筋トレに励んできた身としては痛いほどよくわかっている。体幹が安定すれば走る速度が上がるし、相手と接触する場面ではとくにその効果が実感できる。コンタクトスポーツというラグビーの競技性を鑑《かんが》みた場合、筋トレを行うことは今や必須であるといっていい。

ただ、ここでふと立ち止まる。せっせと筋トレに励んでいた現役時代を具《つぶさ》に振り返れば、いささか疑問が生じるのは否《いな》めない。筋肉の増量がもたらす競技力向上の成果は確かに実感しているものの、当時の体感を手繰《たぐ》り寄せたり、グラウンド上でのさまざまなプレーを一つ一つ分析すれば、一概に筋力だけで割り切ることができないからだ。

一例を挙げる。

ぶつかり合いを主とするラグビーという競技では、一般的に筋力差（体重差）がパフォーマンスに直結すると考えられている。八〇キロと一〇〇キロの選手が同じスピードでぶつかれば一〇〇キロの選手が当たり（ぶつかり）勝つのは自明だと思いがちだが、実はそんなに単純ではない。場合によっては八〇キロの選手が当たり勝つこともある。

筋肉量が多く、体重が重ければ有利に働くことにちがいはないが、体格に優れた選手がいつも当たり勝つかといえば必ずしもそうではなく、小柄な選手が自分よりも大柄な選手に当たり負けない場面は往々にして出来《しゅったい》する。たとえば現ラグビー日本代表である松島幸太朗選手は、一七八センチ・八七キロと小柄ながらも当たり負けするシーンはほとんど見られない。

これだけにとどまらず、いわゆる「柔よく剛を制す」シーンは枚挙に遑《いとま》がない。

なぜこうした現象が起こるのだろう。

運動場面という複雑な現象の一つ一つを机上の論理で一刀両断するのは難しいのだが、たとえばニュートンの運動の法則である「F=ma」（力＝質量×加速度）を当てはめれば、相手と接触するまでのスピードで勝っているからと解析できる。「からだの使い方」に焦点を当てれば、当たる瞬間に軸をずらして相手の力を逃がすという「しなやかな身のこなし」でカバーしているとも説明できる。

目前に立ちはだかる自分よりも大柄な選手に向かって加速するためには恐怖心を克服しなければならない。同時に、「しなやかな身のこなし」にはそれなりの経験知が必要だから、理論上は明らかでもそうたやすく実践することはできない。つまりメンタル面の充実と経験の蓄積の両方が要る。これらは、時間の堆積《たいせき》から生まれるもので、一様には身につかない。「心技体」

それぞれが充実してこそ、最大のパフォーマンスが発揮できるのだ。

一つのプレーを完成させるために必要なのは「体」（筋肉）だけではない。経験的にいえばむしろ「技」や「心」を高めることのほうに意味があると私は考えている。体重差を克服するための工夫にこそ選手それぞれの個性が宿る。少なくとも私はここに重きを置いて現役生活を続けてきた。

そんな私が導き出した結論は、筋力はあくまでもパフォーマンスをかたち作る一つの要素にすぎないということである。筋肉を増量するだけでうまくなるほどラグビーは甘くない。そしてここが大切な点だが、筋トレへの傾倒は、「しなやかな身のこなし」をむしろ阻害する方向に働く。からだの使い方そのものを大きく変容させてしまうリスクがあるのだが、これが厄介なのである。

「しなやかさ」とは、いってみれば全身が滑《なめ》らかに協調することで生まれる身のこなしである。個別に鍛え上げた筋肉を合算しただけで身につくほど単純ではない。意図的に「つけた筋肉」が実用的に「使える筋肉」に変わるまでには、ある程度の時間がかかる。このことは筋トレに励んだことのあるスポーツ選手ならおそらく誰しもが実感しているはずで、短期間でウエイトアップを達成した直後は、からだはまるで鉛《なまり》を引きずっているかのように重い。この重さと鈍《にぶ》さは「しなやかさ」には縁遠く、まさに対極にあるといえる。要素還元的に作られたからだはまるでロボットのような直線的な動きになってしまう。

かくして本書では「筋トレの功罪」について書いていきたい。「功績」についてはすでに広く巷間に流布《るふ》されているので、ここでは必然的に「罪過《ざいか》」に焦点を当てることになるだろう。結論からいえば、一つ一つの筋肉を個別に鍛える「筋トレ」には、からだ全体のバランスを損なうという致命的な落とし穴がある。

## 筋力アップのメカニズム

### 筋繊維が壊れて筋肉痛になる

そもそもなぜ筋トレをすれば筋肉がつくのか。

この問いは、すでに精力的にからだを鍛えている人にとっては愚問にちがいない。そんな当たり前なことを今さら問い直す必要があるのかと思うかもしれない。しかし「当たり前なこと」というのは、すでに知っている側からすればそうでも、その道に詳しくない人からすれば「新たな発見」となる蓋然性《がいぜんせい》が高い。集団内での共通理解である「当たり前なこと」は、集団の外側にいる人にとっては当然のことながら当たり前ではないからだ。

そもそも人間のからだは「周辺環境」に適応するようにできている。たとえば、ピアノを始めれば指先の動きがどんどん精密になってゆくし、サッカーを始めれば練習を重ねるうちに脚でボールを器用に扱えるようになる。長距離走を繰り返せば持久力がつくし、短距離走だとそれに応じて瞬発力が増す。周囲の環境が強いるそれ相応の動きを身につけることで、徐々に私たちのからだはつくられる。つまり「周辺環境」という鋳型《いがた》に応じて私たちのからだは変化してゆく。

筋トレもまた「周辺環境」の一つである。仕事や家事に勤《いそ》しむ日常生活から切り取られたある一定期間に、局所的に筋肉を動かすという動作が組み込まれ、それに応じてからだは変化してゆく。

たとえば、アームカールという筋トレのメニューがある。これは上腕二頭筋《じょうわんにとうきん》（いわゆる「力こぶ」）を鍛えることを目的としたメニューで、脇を閉めてバーベルやダンベルを持ち、腕を伸ばした状態から肘《ひじ》を曲げ伸ばしするというものだ。こうすることで上腕二頭筋に集中的に負荷がかかり、徐々にその太さが増す。

一回、二回、三回……。休憩を挟《はさ》んでまた一回、二回……と上げ下げしていくと当然のことながらもうこれ以上は動かせない限界点が訪れる。疲労困憊《こんぱい》となったその時点でトレーニングはおしまい。適度に休養を挟んだのちにまた一回、二回……と上げ下げを行う。このサイクルを繰り返すと、バーベルやダンベルを持ち上げるという動作に象《かたど》られて、からだがだんだん適応してくる。「鉄の塊《かたまり》を腕だけで持ち上げるための筋肉」がついてくるわけである。

このとき上腕二頭筋では、それを構成する筋繊維が破壊されている。からだの限界を超える運動を繰り返したことにより、筋繊維のひとつひとつがその負荷に耐えきれずに壊れている。筋トレしたあとに襲う激しい筋肉痛は、いってみれば「もうこれ以上は力を発揮できません、壊された筋繊維を修復するまでちょっと待ってほしい」というからだからのシグナルである。だから激しい筋肉痛になれば、それ以上負荷をかけてはいけない。回復するために時間をおく、つまり休ませなければならない。

**超回復理論**

この壊れた筋繊維を回復させるための材料となるのがタンパク質である。タンパク質は筋肉を構成する栄養素だから、壊された分のそれを摂取する必要がある。通常の食事から摂取してもいいし、それで足りなければプロテインサプリメントで補ってもいい。近年、各社からさまざまな種類のプロテインサプリメントが発売されているのは栄養補助として摂取するためだ。

筋トレ後の損傷した筋繊維を回復させるためにタンパク質の摂取は不可欠である。

筋繊維を回復するために、さらにもう一つ必要となるのが成長ホルモンである。これにはタンパク質の合成を促進する作用があり、睡眠中に大量に分泌されることがわかっている。だから効率的な筋肥大を望むならば睡眠を疎《おろそ》かにしてはいけない。激しく動いて、たくさん食べて、よく眠る。健康の三要素、運動、栄養、休養と同じである。

この一連のプロセスを理解するために筋肉を建築物にたとえてみよう。

筋肉を構成するタンパク質はいわば「建築資材」であり、成長ホルモンは「現場監督」である。まずはダンベルやバーベルなどの「建機」を使って、筋繊維をひたすら壊す。半壊状態のそれを修復するための建築資材を食事（あるいはプロテイン含有食品の摂取）で体内に送り込み、現場監督が指令を出すことによって、スムーズに再建される。

高タンパクな食事を心がけ、プロテインサプリメントをたくさん飲んだとしても、もし睡眠が不足していれば現場監督からの指令がなく建築資材がただ置かれているだけになり、建物は一向に修復されない。また、良質な睡眠をとったとしても食事が不規則でタンパク質量が少なければ、建築資材が足りず現場監督からの指令が空回りするだけで、建物の修復は滞《とどこお》る。

そしてここがポイントだ。

人間のからだは実に不思議で、壊れた筋繊維は元の状態よりも太く大きくなる。折れた骨が以前よりも太くなり、擦《す》り傷のあとにかさぶたができて以前よりも皮膚が厚くなるのと同じで、筋肉も以前の状態を超えて大きくなる。柱や梁《はり》が強化され、頑丈で高層化された建築物として生まれ変わる。この生体メカニズムを利用して筋肉は肥大してゆく。

これを「超回復理論」という。筋トレに関する研究が始まった一九六〇年代からずっと、この理論をもとに、いわゆる古典的な筋トレのメソッドが開発されてきた。

ただ最近では新たな研究結果が出ていて、この理論は覆《くつがえ》されつつある。筋トレ前の状態よりも強化される、つまり「超回復」するのは筋肉ではなく、「筋中のグリコーゲン貯蔵量」であることが明らかになった。

筋中のグリコーゲンとは筋肉が収縮するためのエネルギー源である。この貯蔵量が増えるということは、以前よりも増して筋肉を収縮させることができることを意味する。すなわち、ダンベルやバーベルを以前よりも回数多く上げ下げすることができるようになるということだ。筋肉そのものが強化されるのではなく、その出力としての「筋力」がアップするというわけで、先に述べた建築物のたとえでいえば、耐震構造が施され、冷暖房やネット環境が整備されて、もともとの建物よりもその機能性が充実するということになる。ただ見た目に明らかにたくましくなるので、建物の構造としての筋肉自体も頑丈になるのは間違いないが。

いずれにしても「筋力」がアップすることに変わりはなく、「超回復理論」が覆されたとしても筋トレ実践者にはさほど大きな影響を及ぼすものではない。

局所的に筋肉を疲れさせ、プロテインサプリメントや食事によってタンパク質を大量に摂取し、成長ホルモンの分泌を促すために睡眠をとる。この一連のプロセスを経て、筋肉はその大きさも、機能性も、以前の状態を超えて高まるのである。

いうなれば筋トレは、ホメオスタシス（身体の恒常性）を最大限に利用して、ひたすら筋肉を疲れさせる作業といえる。高度な動きを身につけるべく取り組む諸種の運動とは質そのものが違い、あるひとつの筋肉にターゲットを絞って部分的にひたすら筋繊維を破壊することを、筋トレは目的としている。

## なぜ筋トレにハマるのか？——努力の可視化

### 根性論が去り、筋トレが広まる

生理学が明らかにした「超回復理論」に基づくからだの鍛え方が、筋トレである。ウサギ跳びや階段ダッシュを繰り返すなど、根性論のもとにひたすら苦行的運動を繰り返していた時代を思えば、隔世《かくせい》の感がある。

いや「隔世の感」という表現はいささか大げさかもしれない。というのも私がラグビーを始めた三十年ほど前には膝《ひざ》を痛めるとされるウサギ跳びはすでに行っていなかったし（階段ダッシュは行ってはいたが）、水分補給にしても三時間弱の練習中に二回は許されていた。

現在のように、薄めたスポーツドリンクの入ったスクイーズボトルがグラウンドのあちこちに置かれ、喉が渇けばいつでも飲めるようになったのは、ようやく大学に入ってからである。制限されたり推奨されたり、どちらが正しいのかを迷いながらも、喉の渇きを我慢しなくてもよい環境への変化はやはり歓迎すべきことで、もうトイレに行くふりをして蛇口に口をつけなくてもよいと安堵《あんど》していたのが懐かしい。

だから私は、ウサギ跳びをしたり、喉の渇きを我慢するなどの非科学的で苦行的な取り組みが常識だった時代を知らない。年配のＯＢから、「昔はなあ……」というやや上から目線の語り口で懐古的な話を聞くことはあっても、実際には経験していない。

私がラグビーを始めた一九八八年から大学を卒業する一九九八年までは、根性論に代わって科学的知見に基づく考え方が徐々に広まりつつある時代だった。

私が最初に筋トレを始めたのは高校三年のときである。正確にいえば高校に入学してからすでにバーベルやダンベルを持ち上げてはいたが、それは雨天時にグラウンドが使えないときにかぎられており、筋力アップを目的として本格的に取り組んでいたとは到底いえない。どのくらいの重さを何回持てばいいのかも、正確なフォームもわからずに、練習時間が過ぎ去るまでのほとんどが「時間つぶし」にすぎなかった。

それが最終学年になったことで向上心が芽生えたのか、あるときからチームメイトとともにせっせと励むようになった。

昼休みのチャイムが鳴るや否やすぐウエイトルームに足を運んだ。おもに大胸筋を鍛えるべンチプレスにハマり、チームメイトと互いに補助をしながら肉体を限界まで追い込んだ。するとみるみるうちに持ち上げられる重量が上がってゆく。と同時に、胸のあたりが盛り上がってくる。重量という具体的な数値が上がれば努力が実っている実感が湧くし、鏡越しに見る自分のからだがだんだんたくましくなってゆくのだから、楽しくてやめられない。

そのうち腕を鍛えるアームカールもメニューに組み込んだ。トレーニングを続ければ続けるほど胸が盛り上がり、腕も太くなった。胸板や二の腕の太さは男らしさの象徴だ。だから思春期の男子にとって筋肉を鍛えるのは男らしさを身につけることと同義だった。ラグビー選手だからそれなりにゴツいからだでなければいけないという見栄《みえ》もあった。さらに本音をいえば、女の子にモテたいという不純な動機もおおいにあって、今から思えばけっして模範的とはいえないラグビー選手だったように思う。

高校三年生だった当時の私が筋トレに励んだ理由は、恥ずかしながら「見た目のたくましさ」を求めてのことだった。ラグビー的な動きを研ぎ澄ますために筋力をアップさせるという意識は乏しく、ほとんどなかったといっていい。競技を極めるという意志は皆無に等しく、筋肉がつけばそれなりに競技力は上がるだろうという期待を漠然と抱いていたにせよ、目的はあくまでも見た目に映《は》えるボディだった。

残念なことに当時の顧問は筋トレに関する専門知識を持っていなかったし、からだを鍛える

2003年9月トップリーグ開幕戦にて

ための方法を指導するトレーナーという職業も今ほど重要視されておらず、身近にもいなかった。筋肉がつくことでもたらされる競技面での効果や、ラグビーに求められる動きの向上につながる鍛え方などを教えてもらう機会に恵まれなかったという切ない理由もある。これはなにも私が所属したクラブだけでなく、一部の強豪校を除けば似たような環境だったのではないかと思う。

まだまだスポーツ科学が未発達で、実際の活動現場に浸透していなかった時代に私は筋トレを始めたのだった。

**上達そのものを可視化できる**

バーベルやダンベルの上げ下げを繰り返す単純な運動が、なぜあんなにも楽しかったのか。それは先ほども述べたように「目に見えるかたち」で成果が表れるからだ。

持ち上げることのできるバーベルの重量がトレーニングを重ねるごとに上がってゆく。三〇キロが三五キロになり、四〇キロ、五〇キロ……と、「日ごとに」というのは大げさにしても時が経つにつれて上がってゆく。それと併わせてバーベルを上げ下げする回数も確実に増える。先々週よりも先週、先週よりも今週と、右肩上がりに成果が上がる様子を数値として把握できるのが、この上なく楽しかった。来週になれば今よりもっと重い鉄の塊を持ち上げることができるようになるのだろうという明るい見通しも立つのだから、意欲もどんどん湧いてくる。

それにともない、鏡越しに映る自らのからだも目に見えてたくましくなる。今まで着ていたTシャツがタイトになることも一つの「勲章」で、お気に入りの洋服が着られなくなる切なさよりも、からだが鍛えられてゆくその手応えにおおいなる充実感を覚えた。通りすがりに窓ガラスに映る自分の姿に惚れ惚れし、胸や腕に触れては筋肉の張りやその太さを確かめていた。「オレも一端《いっぱし》のラグビー選手になったか、いや、男らしくなってきたやないか」と自画自賛していたあのころは、思い出すのも憚《はばか》られる苦い思い出である。

運動習得の場面を具に観察してみると、動きの習得に至るまでのプロセスにおいて自分が上達しつつあることへの実感が湧くことはほとんどない。ある技術が身につくまでの道のりでは、今の自分が上達しつつあるのか、それとも停滞しているのかを、目に見えるかたちで把握するのは原理的に不可能である。なぜなら上達の手応えは、あくまでも感覚的なものだからだ。

練習を続けることでからだがその性能を高めてゆくことに間違いはないのだが、そのプロセスに身を置く者が自らの習得度合いをリアルタイムに実感することは難しい。練習に励む選手は、ときに上達のおおいなる手応えを感じることはあっても、その競技に取り組むほとんどの時間は「うまくなっているような気がする」という感覚的な余韻《よいん》を、ほのかに感じるだけである。

運動習得を主題に置くスポーツにありがちなこの「曖昧《あいまい》さ」の、因《よ》ってきたるところを表現したものが「気合」や「根性」だろう。

スポーツをはじめとするすべての身体運動において、上達を果たすためには苦しくツラい練習は避けられない。自らの限界を超えて上達を果たしたのはそうした練習を乗り越えたからである。苦しい練習に耐えることができたのは強靭な精神が備わっていたからで、つまりのところ「気合」や「根性」などの精神性こそ上達するためには欠かせない。「気合」や「根性」なくして上達することなどありえない。

これが根性論が大手を振ってまかり通る大まかなロジックなのだが、この論を認めてしまうと上達のプロセスはブラックボックスと化す。とにかくツラい練習に励めばよいのだという勘違いを起こす。

この身に渦巻《うずま》く「わからなさ」のただなかで、ああでもないこうでもないと試行錯誤することこそが運動習得の醍醐味《だいごみ》だ。なかなか結果が出ないなかで感覚を探りながら練習に打ち込むことで、数値化に馴染《なじ》まないさまざまな身体の能力が開発される。なのに、上達の源を「気合」や「根性」とみなすことでこの実りあるプロセスが覆い隠されてしまうのは、スポーツの価値そのものを毀損《きそん》することにつながりかねない。

閑話休題。

筋トレは上達のプロセスそのものを可視化できる。重量や回数が定量化される。鏡に映る姿がたくましくなる。洋服のサイズが合わなくなる。さらには力んだときの身体実感である「力感」がありありと感じられるなど、上達途上で具体的な手応えが返ってくる。これは清々《すがすが》しい。とても気持ちがよい。

根性論的な指導に慣れ親しんだ十八歳の少年は、ここに無上のよろこびを感じていた。

スポーツ界において非科学的で根性論的な指導が当たり前だった時代に、突如として筋トレという鍛錬法が導入された。私がそうだったように、努力が可視化できるこの方法におそらく幾多の選手が飛びついたのは想像に難《かた》くない。これまで曖昧にしか捉えられなかった上達の軌跡が目に見えるかたちで示されるのだから、楽しくないわけがない。

指導者の立場からみても、数値を比較することで選手を「公正」に評価できるようになるのだから当然のように歓迎される。一カ月前の数値と比較して、上がっていれば努力した、下がっていればサボっていたと判断できる。レギュラーメンバーを決める際にも、数値の上げ幅で努力の度合いを測って高いほうを選べば、他の選手や保護者からの反論をかわすことができる。数値は誰の目にも明らかなエビデンスだからだ。

かくして筋トレはスポーツ界に広く行きわたった。曖昧《あいまい》模糊《もこ》とした「気合」や「根性」でしか説明できなかった努力の度合いや上達のプロセスが、筋トレという科学的な手法を用いることで数値に置き換えられ、可視化できるようになった。以前に比べてわかりやすくなったことは確かだ。

だが、そうすることで失われるものがある。つい見落としてしまうものが、ある。

## 「コツ」は感覚世界でしかつかめない

### スクリューパスは誰でもできる？

「努力の可視化」は、言い換えれば「運動習得プロセスの見える化」である。体重やバーベルの重量などが数値化され、肉体そのものの変化が目に見えてわかることに私たちはおおいなる充実感を覚えるし、なにより意欲を高めるという点においてその効果は絶大である。出口の見えないトンネルだとその歩みは遅々として進まないが、そこに明かりが灯って見通しが立てば足取りは軽くなるし、出口から逆算すれば自らの立ち位置も明らかになる。

「気合い」や「根性」で覆い隠され、ブラックボックスだった運動習得のプロセスに、筋トレは光を差し込んだ。

だが、わかりやすくなったことをよろこんでいる場合ではない。そこには落とし穴が潜んでいる。

自然や社会、心やからだなどの「複雑系」を解釈するとき、理路明快な「わかりやすさ」を追求するという方法は必ずしも正しくない。理路整然とした明快なロジックを辿っての短絡な結論づけは、ともすればその本質から遠ざかることになる。「複雑系」を紐解くためには、複雑さはそのままに、その複雑性を毀損しないよう「ありのまま」を記述するにとどめおく節度が求められる。からだにまつわる問題はとくにそうで、すでに述べたように「一刀両断」を軽々《けいけい》に求めてはいけない。

では「努力の可視化」がもたらす落とし穴とはなにか。

結論からいえば、それは「感覚世界の喪失」である（という語り口が「一刀両断」なのは申し訳ない）。運動習得が最大の目的であるスポーツでは精妙な動きを身につけることに最大限の努力が向けられて然《しか》るべきである。

たとえばラグビーでは「スクリューパス」の習得が欠かせない。ご存じの通り、その他のほとんどのボール運動で用いられる球体とは違い、ラグビーでは楕円《だえん》球を扱う。卵型のそれは、回転を気にすることなくパスを放れば空気抵抗を受けてボールは揺れ動く。狙ったところに放ることもままならず、遠く離れた味方選手に届かせることもできない。キャッチする側にしても不規則に揺れ動くボールは扱いづらく、だから楕円球を用いてのパスはその回転を気にかける必要がある。

空気抵抗を最小限に抑えて遠くまで投げられるように、またボールの軌道を明らかにして味方選手がキャッチしやすいように、スクリュー回転をかける。近距離に立つ選手同士のパスはこのかぎりではないが、ある程度の距離がある場合には必ずこのスクリューパスをラグビー選手は用いる。

この意味でスクリューパスはラグビーを始めてすぐに習得が求められる基本スキルである。このパスができるかどうかでその人が経験者か否かがすぐにわかる。だから私が初心者を指導する際には、まず最初にこのスクリューパスを教える。試合をするにしても、このパスができればプレーのバラエティが豊かになる。ランニングスキルを活かすためにも、サインプレーを考案する際にも、このパスの習得がその幅を広げ、プレーの選択肢を増やす。

スクリューパスの習得はボールの持ち方を覚えることから始まる。スクリュー回転がかかりやすいように、まず片方の手のひらを、親指以外の四本の指の向きを楕円球の縦軸（長いほう）に対してほぼ直角になるように合わせ、ボールの中心からわずかにずらして持つ。もう片方の手は、親指と人差し指を広げてその全面がボール面に接地するように添える。これでOKだ。

そして実際に投げてみる。

手のひら全体で持ったほうの指先が相手に向くようにフォロースルーし（投げたあと、その勢いのままに最後まで腕を振り切る動作）、ボールをリリースする（手放す）瞬間に中指から薬指、薬指から小指の順に力を入れて、指先を引っ掛けるようにすれば綺麗《きれい》にスクリュー回転がかかる。

この通りにボールを放れば誰でもスクリューパスができる。かんたんなことだ。だから私に教えられた人はすべてスクリューパスを綺麗に放ることができる……。

なんてことは、当然のことながら起こらない。特殊な動きの習得がそのやり方を聞いただけでうまくいくはずがないのは、誰もがわかっているはずだ。

料理本に書かれたレシピ通りに作っても必ずしも美味しい料理ができあがるわけではないのと同じである。美味しい料理を作るためには火加減、材料をぶち込む順番、味付けのための調味料の分量やそのタイミングなど、さまざまな「コツ」が必要となるように、スクリューパスを習得するためにも「コツ」がいる。「指先が相手に向くようにフォロースルーする」「リリースする瞬間に中指から薬指、薬指から小指の順に力を入れる」「指先を引っ掛けるように」というのがそれだ。この絶妙な感覚をつかまなければうまく回転はかからない。

「ボールの持ち方」を教えることは比較的たやすい。こちらが手本を見せてそれを真似させればよい。あるいは教本でのマニュアルを暗記してそれを伝えてもいい。それをもとにパスを放

2018年8月ビーチラグビー大会にて

る様子を観察して手のひらの角度や添える手のかたちを正す、そう指導すればいい。正しい持ち方かどうかは「目に見えてわかる」からだ。

しかし、「コツ」はそういうわけにはいかない。なぜなら「コツ」とは身体感覚であり、運動主体が自らつかみ取るものだからである。腕のひねりや指先の力の入れ具合とそのタイミング、つまり中指から小指にかけての力加減のグラデーションは、反復しながら覚えるしかない。感覚世界に身を投じて、からだの内側で感じるしかないのだ。

## 感覚世界とは暗闇のようなもの

「コツ」をつかめるかどうかは、この感覚世界でいかにジタバタできるかにかかっている。ああでもない、こうでもないと、からだそのもので考えるプロセスを経なければ、動きは身につかない。

感覚世界は、暗闇である。

暗闇を歩くときに私たちはどのようにふるまうだろう。

両手を前方に出して障害物がないかを確認しながら、わずかな物音を聞き逃さないように聴覚を鋭敏にするだろう。空気の流れを感じようと肌感覚は鋭さを増し、あたりに漂う匂いをも感知すべく嗅覚を研ぎ澄ますはずだ。五感をはじめとする身体感覚をフル動員させ、意識を全方位に放射してかすかな気配《けはい》を察知しつつ探り探り進むしかない。

身体感覚を開くことでかろうじて歩みを進められる、それが暗闇の世界である。

動作習得場面でその動きに求められる「コツ」のありかは、このような身振りからしかつかめない。なにかの拍子にふと到来する「コツ」を、息をひそめつつ全身全霊で待ち受けるという身構えこそが大切なのだ。

ちなみに「飲み込みの早い人」というのは、暗闇の中を進むための度胸が備わっていて、目星をつけた方向にためらうことなく歩ける人だといえよう。「飲み込みの早さ」はそのまま上達の速度のことだから、運動主体である選手ならばいち早く動きを身につけられる人のほうが好ましい。早熟のアスリートはこちらのタイプが圧倒的に多い。

これとは反対に、習得に時間がかかる人つまり晩成型は、右に左に迷いながらときに立ち止まりつつ歩く。その速度は遅くとも、ああでもない、こうでもないと右往左往する意識上の行動範囲は広い。最短距離を直線的に進んだ人よりも、曲線的な道のりをのらりくらり歩んだ人のほうが「見取り図」は描きやすいはずだ。つまり「コツ」をつかむまでのプロセスが言語化しやすい。「コツ」を伝えるべき立場の指導者ならば、こちらのタイプのほうが向いている。「名選手、名監督にあらず」のパラドックスは、上達プロセスを進む速度によって説明できると私は考えている。

## 「コツ」の到来を待てないからだ

さて、ここまでくればもうおわかりだろう。

筋トレは、この感覚世界で求められるふるまい方を置き去りにする。視覚が頼りにならない世界で発揮される「身体感受性」を損なわせる蓋然性がある。

たとえば、ある動作の習得に悩んでいるとしよう。練習を繰り返しても一向にその動きが習得できない。ここまでみてきたように、その原因は「コツ」をつかめないことにある。ここでいかにジタバタできるかによって「身体感受性」は高まるわけで、ともすればモヤモヤとした不快さがともなうこのプロセスを正しく経過することに、スポーツをはじめ運動の本質はある。大切なので、繰り返す。「コツ」をつかむためにジタバタする。このプロセスの経過なしに「身体感受性」は高まらない。

だがこのプロセスにおいて、私たちは感覚世界に特有の不快さに耐えかねて、ついわかりやすさを求めてしまう。動作が習得できない原因を「筋力不足」だと決めつけ、それを補うべく筋トレに励んでしまうと、「身体感受性」を高めるせっかくの機会を失うことになる。

確かに筋力がついたことで結果的に動きが習得できる場合もある。それなりの競技レベルで活躍するアスリートが、より高みを求めて行う場合がそうだ。国際大会に出場する、あるいはそこで上位入賞を目指すなど、からだそのものを作り変えようとするときに起こりやすい。だがそれは、「身体感受性」を十分に備えたトップアスリートだからこそであり、あくまでも筋トレが補助的なトレーニングにすぎないという構えが身についているからである。意図的に「つけた筋肉」と結果的に「ついた筋肉」では、その働きが異なることを熟知しているからである（この違いがわかっていなければ、筋トレを始めたことを機にかえってパフォーマンスを下げたり、怪我を繰り返すことになる）。

各競技を見渡せば筋トレを嫌がる選手が中にはいる（次章で紹介する）。想像するに彼らは意図的につけた筋肉への違和感を拭《ぬぐ》えず、それがパフォーマンスを阻害することを本能的に察知しているのだと考えられる。

指の筋肉を鍛えても、力の入れ具合そのものをつかむことができないように、大腿四頭筋《だいたいしとうきん》を鍛えても足は速くならないし、上腕二頭筋を鍛えても速くボールを投げられるわけではない。「走る」や「投げる」といった動きそのものの質を高めるためには、「コツ」をつかまねばならない。そのためには暗闇である感覚世界の中を手探りで歩くというプロセスを経なければならない。

筋トレという「松明《たいまつ》」を手にすれば視界は開ける。視覚以外の感覚を働かせなくても前に進むことができる。行方を照らす明かりを手にすれば確かに歩きやすくはなる。しかし、使われない感覚は徐々に錆《さ》びつくもので、微細なシグナルを受容する「身体感受性」は次第に衰え、いつ訪れるかわからない「コツ」の到来を待てないからだになってしまう。

筋トレがもたらす落とし穴は、ここにある。

第2章

# 筋トレを警戒する人たち

## 「つけた筋肉」と「ついた筋肉」

### 身体を下手に使う練習をセッセと

ここからは感覚世界でのふるまい方について書いていく。

その前に、前章で述べた「つけた筋肉」と「ついた筋肉」の違いについて、各界で活躍する方々の考えや取り組みを紹介したい。

まずは、二〇一八年八月三十日にツイッターで、現代思想家で合気道家の内田樹《たつる》先生と、武術を基盤とした身体運動研究家の甲野善紀《こうのよしのり》先生とのあいだでやりとりした内容を紹介する。ちなみに両氏を「先生」と呼ぶのは、私が身体論の研究を始めるきっかけをくれた師匠であり、今もなお両先生からは心温まるご指導を受けているからである。

**内田樹@levinassien・二〇一八年八月三十日**

いま子どもたちに要求されているのはもっぱら「粗雑《そざつ》な動作の反復」です。「粗雑な動作」

というのは「随意筋《ずいいきん》を機械的に動かす動作」のことです。子どもたちは胸鎖《きょうさ》関節の操作、重心の移動、骨盤の旋回、臓器の上げ下ろしというようなことを意識的に訓練する機会がないのです。気の毒なり。

子どもたちを取り巻く環境を憂いつつ、合気道と研究を通じて辿り着いた知見をつぶやいておられたのだが、この内容に私は激しく膝を打った。この「粗雑な動作の反復」はそのまま筋トレが強いる動きに置き換えられると直観した私は、直ちに次のようにつぶやいた。

**平尾　剛@rao_rug・二〇一八年八月三十日**

「筋トレ的動作」はほんとよくないです。部活動などでは機械的動作の反復をどれだけこなすかが要求されがち。単調な動作に飽きて力を抜けば根性がない、心が弱いと非難されるのがほとんど。感覚世界に身を置かないと精妙な動きは身につかないんです。決して。

部活動でまかり通る根性論に基づいたスポーツ指導への批判はひとまずおくとして、内田先生が具体的に挙げている「胸鎖関節の操作、重心の移動、骨盤の旋回、臓器の上げ下ろし」

は、まさしく身体感覚を探るなかでしか身につかない。精妙な動きにつながるこうしたからだの使い方は、筋トレではけっして身につかないのだ。

さらにこのやりとりを受けて、甲野先生も自身の考えを述べられた。連続ツイートされたその内容から抜粋したものが次の通りである。

**甲野善紀@shouseikan・二〇一八年八月三十日**

本当にこのこと（筋トレの弊害）は、現在ではどれほど声を大きくして言っても言い足りない思いです。「筋トレ」の問題は、以前招かれて千葉大の医学部に行った折に、そこの研究でも動作が不器用になるという結論が出ているとの事でした。

「筋トレ」が「結果として筋肉が使われ、トレーニングになっている」のなら問題はないのですが、筋肉に直接集中的に負荷をかけてトレーニングするということの問題は、まず心理的にトレーニングをしている者が効き目を期待してしまうことが挙げられます。

言い換えると、筋肉になるべく多く負荷をかけ、疲れさせ、それによって筋肉を太く大きくしようとします。しかし、仕事だったらなるべく疲れない方がいいのですから、上手に負荷がなるべくかからないように自然と使うようになります。

つまり「筋トレ」は筋肉に過大な負荷をかけ、身体を下手に使う練習をセッセとやっていることになります。なぜこんな簡単なことを多くの人が理解しないのか、本当に不思議です。これは「科学的」以前の「論理的」に考えれば、ほとんどの人が理解できることだからです。（括弧内・傍点筆者）

筋トレをすれば動作が不器用になるという千葉大学の研究も注目に値するが、この一連のツイートで特筆すべきは「心理的にトレーニングしている者が効き目を期待してしまう」というくだりだ。これは「意図的につけた筋肉」と「結果的についた筋肉」には雲泥《うんでい》の差があることを鋭く指摘している。

筋トレをする上でトレーナーに指導されることの一つに、「鍛えようとする筋肉への意識」がある。たとえばベンチプレスなら大胸筋、アームカールなら上腕二頭筋、つまり鍛えるターゲットとなる筋肉を収縮させるときに感じる「力感」を、動作を行いながら確かめることを求められる。そうすることで、意識せずトレーニングするよりも筋肉が肥大するからである。

だがこの「力感を感じる動き」というのは、つまりのところ下手なからだの使い方を意味する。

引っ越しの様子を思い浮かべてもらいたい。引っ越し業者の人たちは、冷蔵庫や本棚、ソファーにベッド、そしてたくさんの段ボールを、実に手際よくトラックに積み込んでゆく。狭いスペースでも壁にぶつけることなく巧《たく》みに運搬するし、階段の上り下りだってものともしない。こうした引っ越し作業を、一日に数件こなすのだから頭が下がる。

彼らはこれらの作業を「仕事」として行っており、筋肉に「負荷がなるべくかからないように自然と（からだを）使」っている。荷物を運ぶごとに「力感」を感じていたら乳酸が溜まって筋肉が疲労し、バテてしまうからだ。彼らにはそれほど筋肉がついているようには見えない。たくましくはあるけれど、少なくともボディビルダーのように腹筋が割れた逆三角形のムキムキなからだではない。日々の作業のなかでどこをどのように持てば荷物が楽に持ち上がるかを知り尽くしており、作業をこなすなかで「結果的についた筋肉」がバランスよくついているだけである。

あの引っ越し作業を、ボディビルダーをはじめとする筋トレで鍛え上げた筋肉質なからだの持ち主であるアスリートがこなすことは、おそらく難しい。鉄の塊を上げ下げする、つまり「随意筋を機械的に動かす動作」を繰り返して「つけた筋肉」では、「論理的」に考えれば不可能だ。特定の筋肉にターゲットを絞って効率よく疲れさせる動きを積み重ねても、引っ越し屋に求められる精妙な動きが身につかないのは当然の帰結である。

## 筋肉質ではない選手がなぜ高いパフォーマンスを発揮できるのか

スポーツ場面に目を移せば、見た目にそれほど筋肉質ではない選手が高いパフォーマンスを発揮することはよくある。筋トレの数値がそれほど高くないにもかかわらず、足が速かったり、力強いプレーをする選手を目にしたことがある人は多いだろう。たとえばサッカーだとメッシ選手、ネイマール選手、野球ならば先ごろ現役を引退したイチローがそうである。

ここまでの理路を辿れば、なぜ彼らがそうしたパフォーマンスを発揮できるのかはおわかりかと思う。彼らは例外なく精妙な動きを身につけており、そのひとつひとつの動きに求められるコツをつかんでいるからである。彼らのからだは「ついた筋肉」、すなわち実践的な筋肉で覆われており、より精密にいえば全身の筋肉ひとつひとつをくまなく連動させている。特定の筋肉になるべく負荷をかけないように、大小問わず全身の筋肉をうまく協調させているからこそ卓越した力が発揮できるのである。

コツをつかむというのは、それぞれの筋肉の連携を密にすることと言い換えても差し支《つか》えない。たとえばゴルフのスイングにしても、実際にクラブをつかんでいる腕だけではなく、背中、腰、下肢《かし》をうまく使うことで初めて動作が安定する。全身を連動させなければボールを捉えることは難しいし、飛距離も伸びない。ボールを蹴る動作だって、実際にキックする作用点としての脚だけでなく、その対角にある腕を広げてバランスをとり、軸足を安定させ、顎《あご》が上がらないようにしなければよいキックは蹴れない。この「全身協調性」は精妙な動きを解明する上で欠かせない概念であり、ともすれば筋トレはこれを損なう方向に働いてしまうことは、いくら言葉を重ねても足りない。

甲野先生による「身体を下手に使う練習をセッセとやっていることになります」という警鐘《けいしょう》は、この「全身協調性」を解体するという意味だと理解できる。

大切なのでもう一度、言う。身体パフォーマンスを向上させるためには、この「全身協調性」を高めることが不可欠なのである。

私たちスポーツ指導者は、ここを出発点として選手の指導に当たりたいものだ。随意筋を機械的に動かす動作をやみくもに強いたところで、動きそのものの精妙さを高めることはできないのだから。感覚を深めてゆく、そのための指導を今こそ考えたい。

とはいえ、「粗雑な動作の反復」を目的とした練習メニューを通じてその身体能力を伸ばす選手がいるのもまた事実である。暴力や暴言で選手を追い込む指導者は、残念ながらいまだにいる。こうした指導者のもとでも伸びる選手は伸びる。

それはなぜか。

からだには窮地に追い込まれると爆発的に潜在能力を開花させる性質があるからだ。いわゆる「火事場の馬鹿力」である。生物学的なこの性質に依拠して、指導者は理不尽をものともせずただやたらと厳しさを強いるわけである。これを本能的に感知する選手は、無意識的に手を抜いていると私には思われる。彼らは内面から湧き起こるさまざまな身体感覚に耳を傾けながら、周囲にバレないように手を抜きつつ練習に励んでいると推測する。精神的に追い詰められ、粗雑な動作の反復が強いられる環境下では、真面目に練習に取り組むほどからだの使い方は下手になってゆく。真面目さがかえって仇《あだ》になるスポーツ活動は不毛だ。

それにこの方法は心の成長を置き去りにする。「苦しさを乗り越えた」という自信にはつながるだろうが、主体的に物事を考え、取り組むという態度は身につかないだろう。第三者に追い込まれた情況で、ただその苦しさを耐え抜くという「従順さ」が身につくだけである。この現実を、スポーツ界は直視しなければならない。選手がうまくなってただ試合に勝てばよい、勝利だけが選手を成長させるという考えは、もう古い。

感覚そのものを研ぎ澄ますような指導こそが、これからのスポーツ界には不可欠だ。心理面への働きかけとしての叱咤激励や、ただハード面を鍛えるだけの筋トレだけでは、スポーツ指導と呼んではいけない。感覚世界という暗闇を歩くための具体的な歩み方を提示することこそスポーツをはじめとする運動指導であり、この認識が広がることを切に望む。

と、やや興奮してしまった。筋トレの話がスポーツ指導全般にまで広がってしまった。

話を戻す。

粗雑な動作の反復が強いられる筋トレはからだの使い方を下手にする。精妙な動きは全身を協調させることなのだから、バラバラにからだを使う動作をいくら積み上げてもそこには到達しない。あらゆる動きにともなう感覚をないがしろにしないことが、スポーツをはじめとする身体運動においての鉄則である。研究を通じて論理的な思考を重ねた結果として、また過去に筋トレに励んだ経験を有する者として、ここは声を大にして言いたい。

もっと楽しもう、感覚を確かめながら動こう。同じ苦しさを味わうなら、感覚世界に特有のもどかしさをこそ歓迎しよう。とくに笑うことも許されず、ただ厳しさに耐えているだけの全国の部活動生に、私はこう呼びかけたい。楽しくてのめり込んで練習するうちに自然とたくましくなった筋肉こそが精妙な動きを下支えし、パフォーマンスの向上に寄与するのだから。

## トップアスリートの取り組みから

### 足し算ではなくかけ算の力

次にトップアスリートの考えや取り組みを紹介する。

二〇一二年のW杯で日本人男子として史上二人目となる総合優勝に輝いた、フリークライマーの安間佐千《あんまさち》選手は、「腕立て伏せのような単純な筋トレはしないですね。見せる筋肉は必要ないし、食事も食べたいものを我慢せずに食べます」と言う。

食事制限をしないという点もおおいに気になるところだが、話が散らかるのでここでは掘り下げないでおく。本書のテーマは「脱・筋トレ」であるからして、見せる筋肉を不必要とし、「単純な筋トレ」をしない、ここがポイントになる。安間選手はなぜ筋トレをしないのか、その理由は簡潔な言い回しで語られた次の言葉に集約されている。

一番酷使するのはやっぱり肘から指先までの筋肉なんです。でも、そこばかりを使っていると、すぐに疲労がたまって登れなくなる。だからなるべく腕以外の部分に力を逃がしてやることが大切で、それこそがうまく登るコツなんですね。

（『Sports Graphic Number Do 2015 vol.19』文藝春秋、二〇一五）

未経験者の私からすればクライミングは腕で登るものだと思っていた。握力や腕力こそが大切で、だからそこの筋肉を鍛えなければならないと短絡的に考えていたが、安間氏はそうではないとあっさり言い切る。コツは「腕以外の部分に力を逃が」すことらしい。腕を使いつつもそれ以外の部分に力を逃がすというのは、彼もしくはクライマー固有の感覚なのだろう。腕は使うのだけど酷使はしない。この感覚は私みたいな素人からは到底想像がおよばない。安間氏はさらに、「極端なことを言えば、体幹と足を使って体を持ち上げれば、手の力はいっさい使わずにすみます」とも言うのだから、ますますわからなくなる。垂直の壁を登るのに手の力をいっさい使わないなんてことがありうるのだろうか。ここまで謎めいてくれば実際にやってみたくもなる。

クライミングの魅力は、手と足と体幹が連動することで、足し算ではなくかけ算の力が発

安間佐千選手（写真提供　文藝春秋）

揮されること。すべてがうまくはまると、手の力に頼らなくてもすごい動きができます。

やはり出てきた。「連動」という言葉が。クライミングの世界でもやはり全身を協調させることが大切なのだ。

そしてその絶大なる効果を「足し算ではなくかけ算の力」という比喩で表現しているところが秀逸である。

「かけ算的」に爆発的に発揮される力は、ラグビーに置き換えてみると私にはとてもよくわかる。タックルもキックもパスも、全身を連動させて行えば想像をはるかに超える、ものすごい力が発揮される。あの爆発力は、確かに足し算というよりはかけ算に近い。PCにたとえると、ソフトをインストールするのではなく、OSそのものがバージョンアップする、そんな感じだ。

全身を連動させれば凄《すさ》まじい力が発揮できることを、ほとんどのアスリートは身をもって知っている。ただ、それをうまく言葉で説明できる人は少ない。安間選手はその数少ないアスリートの一人である。

## 各パーツを連動させる

さらにもう一人、身体的パフォーマンスを言葉にできる選手がいる。サッカー日本代表の長《なが》友《とも》佑《ゆう》都《と》選手である。ＦＣ東京から二〇一〇年にイタリアのチェゼーナに移籍してほどなく、からだを鍛えて固めるだけのトレーニングでは通用しないことに気づいたという。

固いものって、より強い負荷が掛かるとポキンと折れてしまうじゃないですか。（…）固めるだけじゃなくて、緩める要素というものを意識しなければならないと強く思うようになりました。

（『Sports Graphic Number Do 2015 vol.19』文藝春秋、二〇一五）

体幹トレーニングに関する本を出版するほどだから、私は彼を筋トレ信者であると思い込んでいた。だが、そうではなかった。

のちに移籍したインテルには、同僚に当時ブラジル代表で名を馳せていたマイコン選手と、アフリカ年間最優秀選手賞を何度も獲得したカメルーン代表のエトー選手がいた。長友氏は彼らが筋トレする姿を見たことがないという。ロッカールームでは音楽に合わせて踊るそうだが、長友氏はそんな様子を見て、彼らはからだを固めることを嫌がり、むしろ緩めようとしていると考えるようになる。ラテン系の血が騒ぐとか、陽気さという気質がそうさせているなどと表層的に解釈しないところが、さすがだ。観察眼に優れている。

世界のトップの選手たちは相手の厳しい当たりに対してもグニャッと吸収したうえで、しなやかな連動によって次の動きを繰り出すことができる。それを自分のものにしなきゃ、より上にはいけないと思ったんです。

そういえば二〇一八年にヴィッセル神戸に移籍したスペインの至宝イニエスタ選手がそうだ。屈強な選手にぶつかられても、「グニャッと吸収したうえで」難なくボールをキープし、ドリブルでスペースを突破してゆく。「しなやかな連動によって次の動きを繰り出す」という表現は、なるほどサッカー素人の私にもよくわかる。世界のトッププレイヤーのからだは、耐震構造ではなく免震構造を備えているわけだ。

このしなやかなからだを長友氏は次のように分析する。

プレーするにあたって、いかに体のパーツが連動していくかが大切になってくる。手、足、首、背中、腰、股関節……一部を鍛えるのではなく、すべてのパーツがスムーズに連動していくことがいいパフォーマンスにつながっていく。いくら個々のパーツが強くなったとしても、それを連動させられなかったらまったく意味がない。逆に鍛えた筋肉が重くなるだけ。

ここでもまた「連動」という表現が使われている。卓越したパフォーマンスは、からだの各部位を連動させることによって発揮できる。この考え方は、先に紹介した安間選手と共通する。ただ、長友選手は筋トレをしないとは公言していない。

でも〝固める〟強い部分があるからこそ、〝緩める〟柔らかさがプレーの幅になって活きてくるんだと捉えています。

緩めるために、固める。あくまでもからだの各パーツが連動するための「緩さ」を身につけることが目的で、そのためにあえて固める。これは、体幹をはじめとする各トレーニングに励む全国の部活動生およびその指導者にとって、傾聴《けいちょう》に値すべき言葉だ。

## 体幹を「うまく使う」

この両名以外にも筋トレを警戒する選手がいる。

陸上十種競技の右代啓祐《うしろけいすけ》選手は、体幹の必要性という文脈ではあるものの、次のように述べている。

> 体幹とは、上半身と下半身をつなぐもの。体幹をうまく使うというのは、上半身と下半身をうまく連動させるということです。どの筋肉を鍛えるとか、そういう知識は、僕はそれほど重要じゃないと思います。
> 「体を動かすために体幹を鍛える」というよりは、日常的に楽に生活するために「体幹をうまく使う」という意識でいるほうが、生活のすべてに生きてくる、ということです。そうやって生活していると、普段のたたずまいも変わってきます。
>
> （『Sports Graphic Number Do 2015 vol.19』文藝春秋、二〇一五）

上半身と下半身の「連動」、「鍛える」ではなく「うまく使う」という意識など、ここでも特筆すべき表現が見つかる。身長が一九六センチ、体重が九五キロの筋骨隆々《きんこつりゅうりゅう》の体格から想像するに、おそらく筋トレは行っていると想像する。だが、その取り組みにおいては長友選手と同様、連動性や意識など「感覚的なもの」を大切にしている。

二〇一八年五月に日本プロゴルフ選手権で大会史上最年長優勝を飾った五十歳の谷口徹《とおる》選手は、試合後のインタビューで筋トレをやめたことを告白し、「筋トレはパワーはつくが、柔軟性が失われる」と述べている（「谷口50歳ジャンボ超え最年長V」『デイリースポーツ』二〇一八年五月十四日付）。谷口氏の言う「柔軟性」は、全身を連動させることと解釈しても差し支えないだろう。趣味でゴルフを楽しみ、スコアが一〇〇を切るかどうかの下手くそゴルファーの私が言うのもなんだが、ゴルフのスイングはからだの各部位を連動させることが大切だ。筋トレはそれを損なう方向に働くと察した彼は、それときっぱり決別し、見事に復活優勝を遂げたのである。

またラグビー元ウェールズ代表のシェーン・ウィリアムズ選手も、筋トレをやめたあとにその頭角《とうかく》を現した。一七〇センチとラグビー選手にしてはきわめて小柄な彼は、筋トレによる筋力増加をあきらめて敏捷《びんしょう》性に磨きをかけた。「小さな人間には大きなスペースがある」と、切れ味鋭いステップで大男がひしめくグラウンドを縦横無尽に駆け回り、二〇〇八年にはＩＲＢ（国際ラグビーボード、現ワールドラグビー）世界最優秀選手にも選出されている。

パフォーマンスの発揮やそれを向上させるための取り組みに一家言《いっかげん》ある。それがトップアスリートたる所以《ゆえん》だ。言葉での表現力にも優れたアスリートたちのこれらの金言は、スポーツにかかわる人のみならず、身体的パフォーマンスを向上させるために努力を続ける人たちの参考になる。

## 筋肉が枷にならないように

### 得意のステップを失った日

ここまで身体パフォーマンスに優れた人たちがどのようにからだを捉え、練習に取り組んでいるかをみてきた。言葉による表現にニュアンスの違いはあっても、その根底にあるのはやはり「全身協調性」だった。特定の筋肉に負荷をかけて鍛える筋トレは、きっぱりと忌避《きひ》するか、あるいはそのやり方に工夫を凝らすなどして、彼らは独自の方法を編み出していた。

各選手のコメントを読み解くなかで、思わずドキリとした言葉があった。それは、長友佑都選手の「逆に鍛えた筋肉が重くなるだけ」と、谷口徹選手の「柔軟性が失われる」である。

あれは三菱自動車工業京都に入社したばかりの社会人一年目だった。翌年にW杯を控えたこの年、私は日本代表候補選手に選ばれていた。足の速さとステップの鋭さが買われて候補選手に選出されたものの、如何《いかん》せん体格がまだまだ華奢だった。からだをぶつけ合うラグビーでは、体格差がそのまま競技力に直結する。いくらスピードがあっても体格に劣ればパフォーマンスは発揮できない。当時の私は、一八一センチの身長に対して八〇キロを少し切るくらいの体重で、これだと世界レベルでは到底通用しない。

日本を代表する選手として世界の舞台で戦うためにはもっと筋肉をつけて体重を増やさなければならない。スピードとステップは認めるが、それを発揮するためのからだの強さを身につけなければ代表に選ぶことはできない。当時代表監督だった故平尾誠二さんから直々にそう言い渡された。タックルやDF（ディフェンス）突破などのコンタクト局面で脆《もろ》さを露呈《ろてい》していた私は、耳は痛いが至極《しごく》もっともな指摘に一念発起し、体重増量のため本格的に筋トレを始めた。

仕事が終わったあとに、またチーム練習の合間を縫ってトレーニングに励んだ。グラウンド横に建つクラブハウスの二階にジムがあり、そこで汗を流した。筋肉で体重を増やすには大胸筋や大腿四頭筋などの「大筋群」を鍛えるのが近道だ。それらを重点的に鍛えるベンチプレス、スクワット、デッドリフトを中心に、来る日も来る日もバーベルやダンベルを持ち上げた。重量やその回数を、無印良品で買ったシンプルなノートに記録し続けた。

上半身と下半身に分け、一日ごとにそれぞれをいじめ抜く。筋繊維を破壊すべくターゲットとなる筋肉を意識しつつ、バーベルやダンベルを上げ下げした。だから毎日が筋肉痛との闘いだった。階段の上り下りはもちろん、職場のデスクに座ってパソコンのマウスを動かすのさえつらいときもあった。

だが、日が経つにつれて、いつも疲労感がつきまとうからだにも徐々に慣れてくる。それと同時に、持ち上げられる重量も体重もだんだん増える。目に見えるかたちで努力の成果がわかるこの日々に、私はいつしか充実感を覚えるようになった。

そうして二カ月が過ぎるころに、体重は約一〇キロ増加した。重量も体重も目標設定された数値をクリアした。九〇キロの大台に乗ったときのうれしさは今でもはっきりと覚えている。これでようやく代表候補選手としてスタートラインに立てる。ホッと胸を撫《な》で下ろした。もしかするとW杯に出場できるかもしれない。期待に胸が躍った。

しかし、である。

体重増加後の生まれ変わったからだで出場した公式戦で、思いもよらない事態が待ち受けていた。これまで感じたことがないほどからだが重いのである。まるでギトギトした油が全身にまとわりついたように、からだが言うことをきかない。とにかく動きが鈍重《どんじゅう》なのだ。

なにより驚いたのは、私がもっとも得意としていたステップが踏めないこと。パスを受けて走り出そうとしたその瞬間、いつものようなキレが感じられない。頭に描いた「左に行くと見せかけて右に走る」というイメージとは裏腹に、その一歩が出ない。とにもかくにもスローなのだ。ステップを踏むときに体内で流れるいつものリズムを刻むことができず、すぐ相手DFにタックルされてしまう。

焦った。頭が真っ白になった。

とはいっても試合は進行中だ。この鈍重なからだでも、ひとまずこの試合は乗り切らなければならない。頭を切り替え、長所を奪われたこの身で、目前の試合をどう乗り切ればよいかを考えた。辿り着いた結論は、相手DFを揺さぶるステップを封印して、パスを受けたらとにかく相手にまっすぐぶつかることだった。

幸い、以前より体重が増加したためにぶつかったときの威力は高まっていた。コンタクトが生じた瞬間のあの安定感は、今までに経験したことがない体感だった。これが筋トレの効果なのかと、今まで取り組んできた成果を感じたりもした。

でも、全然楽しくなかった。いくら筋トレの効果があったとしても、長所が発揮できない今の状態を肯定できるはずもない。世界の舞台で鋭角なステップを活かすための筋力増量が、そのステップを封印する枷《かせ》となっていた。翼をもがれた鷹《たか》は、もはや鷹ではない。牙《きば》を抜かれたライオンは、猫にも等しい。ラグビー選手としてのアイデンティティを揺るがすこの事態に、私はおおいに戸惑った。

試合後すかさずある先輩から、「お前ってそんなプレースタイルやったっけ?」と突っ込まれた。まさか「からだが重いんです」とは言えず、適当な受け答えをしてその場をはぐらかすしかなかった。

今だからわかる。あのときの私のからだは、単純な筋トレの繰り返しで「全身協調性」が失われていたのだ。全身をしなやかに使わなければ発揮できない高度な動きとしてのステップは、だからできなくなった。「つけた筋肉」が単なる重りと化し、柔軟性をも損なってパフォーマンスを阻害していたのである。

そこからは筋トレを控えた。ほどなく体重は五キロ減り、それでもまだしばらくは重苦しさが残ったものの、ひたすらラグビーの練習に励むうちに、徐々にではあるがこれまでの感覚を取り戻した。この間、約半年。「つけた筋肉」が「使える筋肉」になるまでに、筋トレに費やした時間の三倍もの時間を要したのである。

## どうしても筋トレを強いられる人たちへ

それ以降も筋トレは続けたものの、どこか「手を抜いていた」ように思う。体重を維持するために、あるいは首脳陣にアピールするために、仕方なくバーベルを握った。だが、著しくパフォーマンスが落ちたこのときの経験が脳裏《のうり》から離れず、どうしても真剣になれなかった。きっぱりやめることができなかったのは、私の意志の弱さゆえのことだ。

だからといって、あのとき筋トレに励んだことは後悔していない。九〇キロという目標には届かなかったものの五キロの体重増加に成功し、その甲斐もあって一九九九年のW杯に日本代表として出場することができたのだから。筋肉痛と闘ったあの日々があるから、三十一歳までラグビーを続けられたわけで、だから否定はしない。ただ、もうちょっと違う方法があったのではないかという反省はある。

ラグビー的な動きに即したかたちでからだ作りに励んでいれば、結果は違ったのではないか。もっと上達できたのではないかという儚《はかな》い思いは、今もまだ胸に渦巻いている。

ここから汲《く》みとるべき教訓は、短期間で急激に行えばそれ相応の反動がくるということだ。筋トレは、金属の塊を上げ下げするための筋力を養いはするが、ラグビーに求められる複雑な動きを可能にする筋力はつかない。専門的で特殊な動きはやはりラグビーに特化した練習をするなかで徐々に身についてゆくもので、ただ筋力だけを鍛えるのはパフォーマンスを高める方法としては間違っている。

それでも筋トレに励む。私がそうであったように、ラグビーのような体重増加が必要な種目では筋トレを行う必要がある人も多いだろう。あるいはチームとして筋トレを強いられている。筋トレ信者が後を絶たないスポーツ界だから、そんな環境に置かれている子どもや選手は多いはずだ。どうしても筋トレを免《まぬが》れない人たちに、筋肉が重りにならず、柔軟性を損なわないための取り組み方について以下の点を提案しておきたい。

**・メニューごとに設定された正しいフォームにこだわらず「ラクに」持ち上げる**
**・短期的に成果を求めない**
**・筋トレ後は、その種目における専門的な動きを取り入れる**
**・筋トレによる筋肉増量中は練習でも試合でも全力でプレーしない（怪我をしやすいから）**
**・からだの内側から聴こえる「声」に耳を傾ける**

ここに通底するのは、身体感覚に正直になることだ。ここまで繰り返し書いているように、感覚世界に身を置くということ、つまり感覚を鋭敏にすることによりパフォーマンスが向上し、健やかなからだになるのだ。

からだは機械ではない。自然科学的な論理にも馴染まない。からだを機械に見立て、合理的かつ効率的に鍛えるための筋トレとは、適当な距離をおきつつ慎重に行わなければならない。もちろん単純な筋トレはやらないに越したことはないのだが、どうしてもというのなら、もともと高性能なからだの機能を毀損しないために身体感覚を手放さないことが肝心なのである。

# 第3章

# 豊かな感覚世界をめざして

## 意欲は育むもの

### 手応えが得られない時間を過ごすために

ここまで運動習得場面において感覚世界に身を置くことの大切さを述べてきた。筋トレへの妄信が感覚世界を等閑《なおざり》にする「落とし穴」になりうることを指摘し、どうしても筋トレを免れない人たちに向けて、具体的な取り組み方の提言をした。主観的には暗闇でしかない感覚世界にとどまり、そこでジタバタすることでからだは充実してゆく。手探り状態で少しずつ手足を動かすそのプロセスにおいて、上達の手応えはほとんど感じられない。からだがバージョンアップするときのおおいなる快感をともなう充実感が訪れるその瞬間までは、気長に待ち続けるしかない。しかし、言うは易し、行うは難しだ。

早々に手応えが得られない時間を過ごす。出口が見えないトンネルを歩き続ける。そのために保ち続けなければならないものはなにか。そう問われれば、私は真っ先に「意欲」を挙げる。

ここではその意欲について、改めて考えてみたい。

仕事にしろ遊びにしろ、とにかくなにもする気が起こらないときが、私にはたまに訪れる。家族を含めて誰にも会いたくないし、趣味を兼ねる読書にも興が乗らず、とてももどかしい。好きで始めたはずの部活動なのに、長年、夢に描いていた職種なのに、今はとにかくやる気が湧いてこない。こんな経験は誰しもにあるだろう。夢中になればなるほど、ふとした拍子に意欲が枯渇した状態がやってくるのはなぜなのだろう。

そんなとき、私はおもむろに煙草に火をつけてひたすら中空《ちゅうくう》を眺める。ゆっくり吸い、ゆっくり吐き、立ち上る煙をぼーっと眺める。ただただ虚空に身を浸し、世界にただ一人取り残されたような孤独感を受け入れる。過ぎ去る時間の流れにボーッと身を委ねていると意欲の欠片《かけら》がわずかながら蘇《よみがえ》ってくるような気がして、たまにそうして時間を浪費しながら回復を図っている。

だがそんな心地よい静寂もそう長くは続かない。ふと気づけば思考に耽《ふけ》っている。締切を控えた原稿のネタになりそうなことを探したり、先日見たばかりの映画のワンシーンが浮かんでそのセリフの意味を考えたり、積読《つんどく》本のタイトルをひとつひとつ思い出したり、久しく会っていない友だちを想ったり、明日やるべき仕事を反芻《はんすう》したりしている。

想いが想いを呼び、言葉が言葉を引き寄せる。想いが言葉に置き換えられ、静寂があれやこれやの思念でいつのまにか慌ただしくなる。今という時間にただ流されたいだけなのに、わずかな隙間から思考が侵入してくる。

詩人である故長田弘《おさだひろし》氏の、「一人の日々を深くするものがあるなら、それは、どれだけ少ない言葉でやってゆけるかで、どれだけ多くの言葉ではない」という言葉がふと脳裏を過《よぎ》る。世界は言葉にできるものだけで満たされてはいない。人生における大切なことは往々にして言葉にできないものだ。意欲が減退すれば考え込む時間が増える。まっさらな状態を肯定できずに手持ちの言葉で解決を図ろうとする。ここから負の連鎖が始まるのだろう。

その意味で意欲というものは尊い。仕事にしろ生活にしろ、おおよそ人生の営みすべてにおいて必要不可欠なものだ。意欲というやつは、減退しつつあるときに強く意識されるものとしてある。

## 「もっと」を残しておく

管見《かんけん》によればスポーツ界でもっとも意欲を大切にしているアスリートはイチローだ。

彼は好調時には練習を最後までやり切ることなく途中で切り上げるのだという。

元アスリートとして言わせてもらえれば、好調なときはどんどん練習したいと思うものだ。

思い通りに動くからだを、その躍動感そのままに伸び伸び動かしたいという衝動は抑えがたい。思い通りの地点にキックをコントロールできるときの、寸分違《たが》わずボールの芯を捉えた瞬間の手応えはたまらず、飛距離もオモシロいように伸びる。ステップを踏めば敵に触れられもしない。敵の動きが読めるからタックルもビシバシ決まる。我がラグビー人生を振り返れば、この快感を味わうためだけにラグビーをしてきたといっても過言ではない。

好調なとき、私は全体練習が終わってからも積極的に個人練習をした。時間の許すかぎりずっと、このからだの感じを味わっていたい。そう願いながら走り、ボールを蹴った。

でもイチローはあえてそうしない。その心はどこにあるのだろう。

それは意欲を保つためである。

「もっと練習したい」という気持ちを残しておけば、翌日グラウンドに向く足が軽くなる。もっとバットを振りたいという衝動をすべてその場で発散するのではなく、翌日以降の意欲の源泉にする。動きたくてたまらないからだの疼《うず》きを意欲へとつなげるための工夫なのだという。

これにはしびれた。一時の快感を得ることよりも長きにわたってパフォーマンスを維持するために、意欲を保持する。なるほど、十年ものあいだ年間二〇〇本以上の安打を打ち続けられたのも頷ける。

イチローはこれだけにとどまらない。さらにもう一つ、「打率ではなく安打数へのこだわり」がある。打率トップを意味する首位打者ももちろん視野には入れているが、それは最優先ではない。あくまでも「安打数」にこだわっている。

ご存じのように、打率は安打数を打数（四死球と犠打などを除く）で割って算出される。たとえば一〇〇打数のうち安打三〇本ならば打率は三割になる。安打を打てば上がるし、打てなければ下がる、それが打率だ。

もし打率を目標に定めれば、シーズン終盤の首位打者争いで追われる立場になったときや調子が落ち目のときには、「打席に立ちたくない」というスキができる。打率は打席に立たなければ下がらないからだ。打席に立たないことが目標達成に寄与する。こうした情況では、潜在的にネガティブな感情が生まれやすい。

それに対して安打数は積み上げることでしか増えない。一本でも多くの安打を打つためには、できるだけ多くの打席に立つのが望ましい。たとえ凡打に終わったとしても総安打数は減らないのだから、そこにネガティブな感情が入り込む余地はない。

つまりイチローは、打席に向かうときのごくわずかな心理にまで配慮している。潜在意識にまで踏み込んで意欲を減退させないように工夫している。これこそイチローがイチローたる所以だと私は思う。

現役選手のときに知っていれば、そして実践できていれば……というのは独り言である。当然のことながらイチローほどのストイックさを持ち合わせた人はほとんどいない。ただこの濃《こま》やかさからは見習うべきことがある。意欲を保持するためにここまで微《び》に入り細を穿《うが》って工夫するのは、心というものが本質的に脆弱《ぜいじゃく》であることを熟知しているからだ。意欲の減退がもたらすどうしようもない脱力感をイチローは知っている。さまざまな重圧をはねのけるための最たる武器が意欲であることを知り尽くしている。だからこそ、好調時にしか味わえないあの快感を手放してまでそれを保持しようと努め、ネガティブな感情が入り込むスキを作らないように、好調時には早々に練習を切り上げ、打率ではなく安打数にこだわる。

意欲というやつは、ふとした拍子に自然と湧いてくるものでもなく、外発的とか内発的とかに分類して手際よく発生させられるものでもない。心の内を観察するなかで徐々にその方法がわかってくる。自分なりに工夫を凝らして育んでいくものなのだ。

## 適度に休みを

イチローほど濃やかでなくとも、意欲を育むための工夫はできる。

意欲を損なうもっとも大きな原因は過剰な練習である。上達を目指して練習量を増やしたところで、意欲を損なうほどであればさほどの効果は得られない。いや、むしろほとんど効果はない。

意欲を保ち、パフォーマンスを高めるためには適度に休みを挟むことが望ましい。身体機能が発達するその道程では往々にして停滞もしくは後退局面が訪れる。パフォーマンスが向上する一歩手前では、からだは停滞もしくは後退するようにできている。これは複雑な仕組みを備えたからだがより成長していくための戦略である。にもかかわらず、ただやみくもに練習量を増やせば、階段の踊り場的な停滞もしくは後退局面が長引き、最悪の場合はスランプに陥る。

だから適度に休むことが必要なのである。意欲を育むためにいつも水をやり続けることができる人が、長らくその営みに従事することができるのだと思う。

# スポーツに健やかさを

## 「スポーツ＝健康」は本当か？

スポーツには健康のイメージがつきまとう。スポーツが健康を維持、増進するための一つの手段であることに私たちはなんとなく合意している。「スポーツ」と「健康」は、そのほとんどが折り重なるものとして捉えている人が多いようだが、果たして本当にそうだろうか。というのも、自らのスポーツ経験を振り返れば一概にそうとは言い切れないからである。

十三歳から始めて三十一歳で引退するまで、私は人生の過半をラグビーに費やしてきた。その前半は中学、高校、大学でクラブ活動として取り組み、後半は社会人として仕事をする傍らで競技に没頭した。引退するまでの最後の四年間は契約選手として、ラグビーそのものを仕事とする「半ばプロ」だったのだが、これらの競技生活でたくさんの怪我を経験した。入院も数回、全身麻酔を必要とする手術だって受けた。

私のからだには数本のボルトと一枚のプレートがいまだに埋め込まれたままだ。左手首と右腕には骨折した箇所をつなぎとめるため、右肩には脱臼癖を解消するために、からだの奥深くにそれぞれ静かに埋まっている。講演や講義などでたまにこの話をすると、決まって「空港での身体検査で引っかからないのですか」と訊かれるのだが、これまで一度もそういうことはない。その気遣いに感謝しつつも心配には及ばないことを、改めてここでお伝えしておきたい。

他に「埋め込んだままで大丈夫なんですか」との質問もよく受けるが、執刀してくれた医者によれば、素材がチタンなので人体にさほど影響はないから取り出さなくてもよいそうである。これ以上からだにメスを入れるのは避けたいので、この言葉を信じてそのままにしている。医者が言うのだから間違いないとは思うのだが、実感としては金属が埋め込まれたからだというのはなんとなく気持ちが悪い。「金属だから冷えやすいのではないか」と単純に考えて、実際に雪山に行ったときには六本ものボルトが埋まった右腕がなんとなく冷たく感じられもする。気休めかもしれないと思いつつ、その感覚に従ってカイロを貼るなどのケアはしている。

今も引きずる症状といえば「脳震盪《のうしんとう》の後遺症による視界の歪《ゆが》み」がもっとも顕著で、体調如何によっては容赦なく表出してくるから厄介だ。読み書き中心のデスクワークなど普段の生活を送るなかではさほど気にならないにしても、たとえばラグビー指導などで首を動かしながら四方八方に視線を動かすと景色がブレ始めて、人物やボールが二重に見える。ひどいときは見上げた月がくっきり二つに見えるときもあり、胃のあたりが気持ち悪くなるから正直なところちょっとしんどい。まるで村上春樹氏の小説『１Ｑ８４』の世界だよなと、この情況を客観的に楽しめるようになったのはごく最近のことだ。

視界がずれたときは、しばらく目を閉じたあと瞬きを数回繰り返す。それから目の周辺の筋肉を刺激するように、眼球を右回り、左回りに動かす。するとずれ方が落ち着いてきて、どうにかこうにかその場は凌《しの》げる。十年くらい格闘するうちに症状と折り合う方法を見つけたわけである。

長い道のりだった。

こうして改めて言葉にしてみると自分がどれだけ不健康であるかがよくわかる。スポーツが健康を増進するなんてどこのどいつが言ってやがると、つい息巻く気持ちを少しでもわかっていただけたのなら幸いである。苦しみや痛みは、独りで抱え込むよりも誰かに受け止めてもらうだけで軽くなるもの。たとえそれが気休めにすぎないとしてもだ。

## 競技スポーツには、怪我がつきもの

確かにラグビーを、あるいはスポーツをしていてもあまり怪我をしない人もいる。全員が全員、私のようにたくさんの怪我を経験するわけではない。この点からいえば私が怪我をしたのは、からだの使い方が未熟だったからだと言わざるをえない。目一杯に、ともすれば一二〇パーセントの力を出して無理をしすぎた結果が、こうした現状を招いてしまったのだろう。

全治三週間と診断されても一週間後に控えた大事な試合にはテーピングをして出場したし、一試合で三度も脳震盪をしながらノーサイドの笛が鳴るまで出場し続けたこともある。左手薬指を骨折しながら痛み止めの座薬を入れて出場したこともあった。そもそもレギュラーになりたい、あるいは試合に出たいと切に願う選手ならば少々の怪我だとチームに隠すもので、痛くないと嘘をつき、我慢しながらプレーすることもしょっちゅうだった。

スポーツ界には痛みを押してプレーすることが美徳だとされる風潮がある。無理をすればできなくもないのに大事をとって休めば、「心が弱い」とか「心の靭帯を損傷している」と後ろ指をさされる。周囲の冷ややかな目が突き刺さるあの空気は、とてもじゃないが耐えきれない。今から思えばこうした無言の圧力を意に介さず自らの身体感覚を重んじるのが真のアスリートだといえるのだが、当時はそれがわからなかった。否、薄々感じていながらも勇気がなく、実際に行動するまでには至らなかった。

休むという決断を下せない自らの意志の弱さを認めたくないから、無茶をする自分を肯定する。痛いのに頑張っている自分に陶酔していたあのころの私は、ただただ未熟だった。

他の選手と比べて私がとりわけ怪我の多い選手だったことは認めるとして、ただ、一度も怪我をしたことのない選手はどのスポーツにおいてもおそらくいない。なんらかの怪我を抱えながら選手はパフォーマンスの発揮に努めるもので、怪我をすれば医者の診断を受け、一日でも早く復帰するためにリハビリに取り組む。場合によっては手術も厭《いと》わない。私のように引退後になんらかの後遺症と付き合いながら日々の生活を送っている人もいる。低気圧の接近にともない、かつて怪我した首筋が疼くから、「オレは天気予報ができるんや」と豪語する先輩や後輩が私の周りにはいる。

これがおおよそスポーツ選手のスタンダードだといっていい。スポーツ経験者には軽重の差はあれども怪我はつきもので、裏を返せば怪我をする覚悟でパフォーマンスの向上に努めなければならないのが、「競技スポーツ」の本質である。ここを無視してナイーブにスポーツは健康に資すると考えることは、とても危険だ。

## 優勝劣敗の思想と心身の発達は「水と油」

とあるオリンピックメダリストは、五輪を目指す選手を健康とは真逆の人間といい、スポーツが健康に資するという風潮に疑問を呈している。トップアスリートは記録を出すため、メダルを獲るために命を削って勝負しているわけで、レクリエーションや健康の維持を目的とした運動と競技スポーツをひとくくりにされては困ると、自身の経験をもとに語っている。

対戦相手やチーム内での競争相手に勝つためにはパフォーマンスの向上が不可欠で、そのためには練習で余力を残してなどいられない。全力を出し切るからこそ上達への道が開かれるわけだ。さらにいえば「短期間」でそれを成し遂げたければ全力以上の、生理的あるいは精神的限界を超えるギリギリまで追い込まねばならない。アスリートがよく口にする「からだをいじめ抜く」という言葉遣いからもわかる通り、自らを鞭《むち》で打つようにして練習に取り組む必要がある。場合によっては非常事態でこそ発揮される「火事場の馬鹿力」を意図的に引き出さねばならず、そのためには追い込みをかけるのが不可欠だ。

「命を削る」「からだをいじめる」という激烈な言葉遣いがつきまとうのがスポーツである。ここにからだを害する危険が潜む。

そもそもこれはトップアスリートによる競技スポーツでの論理だろう。部活動やスポーツ少年団ではそこまでは求めないし、そもそも競技力の向上ではなく児童や生徒の教育が目的ではないか。こう反論する方がおられるかもしれないが、現実はそうではない。

たとえば「甲子園」をはじめとする各スポーツの全国高校大会は、建前では教育的スポーツの一環として行われている。観戦者は高校生が懸命にプレーする姿に感動を覚えるというが、生徒の立場からすれば先に述べた競技スポーツに近い活動を余儀なくされている。

たくさんの部員を抱えるチームでは、一部のレギュラーを除くほとんどの生徒は試合に出ることがかなわない。畢竟《ひっきょう》チーム内のレギュラー争いは苛烈《かれつ》なものとなる。レギュラー争いから脱落しないようにと怪我を隠し、痛みを押してのプレーを美徳とする風潮からかんたんには練習を休めない。休日が年間を通して盆と正月のみという学校だってある。心身の発達が成長途上にある十代での「無茶」は、そのままからだが損なわれることを意味する。

全国大会出場の常連校など、なによりもまずは勝利が求められるチームの指導者は、生徒一人一人の教育への配慮よりもチームの勝利を優先せざるをえない情況に置かれている。ここに「競技スポーツの論理」が入り込む。生徒一人一人の成長を待つのではなく、短期間でチーム力を上げることに重きが置かれると、プロ選手ほどの目的意識を持っていない生徒を焚《た》きつけるような厳しい指導が為されやすい。ときに怒号が飛び交うほどの暴力的な指導にさらされ続けた生徒は、やがて自らの頭で考えることを諦めるようになり、「指示待ち」の姿勢を内面化するようになる。

これのどこが教育的だというのだろう。むしろ競技スポーツの側面が浮き彫りになってはいないだろうか。

仲間意識が強く競争心の強い十代の子どもたちにとってみれば「主観的には命がけ」なはずだ。仲間からの期待を裏切ることを恐れ、後ろ指をさされることを全力で忌避しようとする彼らは、どうしても競技的な取り組み方をせざるをえない。

表向きは教育を目的としながら、その実は競技的な要素をおおいに取り込んでいるのが多くの部活動の実態で、十代の子どもたちが心身を疲弊させるという点においてとてもじゃないが健康に資するとはいえない。

スポーツが内包する優勝劣敗の思想は本質的に心身の健全な発達とは相容れないものである。「水と油」といってもいいかもしれない。ここを踏まえなければ真の意味での健康的なスポーツは構築できないだろう。だから手放しでスポーツが健康に資すると断言するのは間違っている。

ただ、だからといってスポーツを否定するわけではないことは強調しておきたい。おこない方次第でそれは達成できる。優勝劣敗がもたらす害毒を自覚しつつ取り組むかぎりにおいて、健康や教育を目的としたスポーツは構築できるはずだ。それにはまずスポーツを腑分《ふわ》けする必要がある。

チームで優勝の喜びをわかちあう（筆者が率いる神戸親和女子大学ラグビー部の選手たちと）

「職業としてのプロスポーツ」と、「部活動など教育としてのスポーツあるいは健康的なスポーツ」を明確に切り分けなければならない。

同じスポーツでありながら両者は別物であるという見方を、われわれの常識に登録すること。ここから始めなければ、健康や教育を目的としたスポーツは構築できないだろう。スポーツは多様だ。すべてをこの一言でくくってしまえば、肝心なことが覆い隠されてしまう。スポーツに「健やかさ」を取り戻す。そのためになにをすべきかを私たちは思索しなければならない。

その一つに、第5章で述べる感覚世界の見取り図を頼りに、身体知の充実を図ることを目的としたスポーツがある。

# スポーツのリアリティ

## 見るに忍びない「近代競技スポーツ」

「スポーツは健康によい」という、まことしやかに巷間に流布する風潮に待ったをかけたい。その思いでここまで書いてきたわけだが、改めて読み返してみると、当の本人がスポーツから恩恵を受けているにもかかわらず、「スポーツは健康によくない」と頑なに論を進める様子に、いささか考え込んでしまった。

これって自己否定ではないのか。

そもそもテクストとは読者の解釈に委ねられるもので、その読解可能性は無限に開かれている。書き手の思いや願いを超えて、まるで自己増殖するかのようにそれぞれの読者の胸の内に沈み込んでゆく。自らの生活実感、知識、体験、経験と照らし合わせて読者は読むのである。

書いたあとに時間をおいて読み返したときの私は「一人の読者」になっている。テクストを編みつつあるときの私とはいわば「別人」だ。これは大げさではない。自らの手を離れた原稿をもう一度読み返すときの自分は、まさに書きつつあるときの自分とは、まるで「別人」になったような実感がある。

書きつつある自分と読み返す自分。この隔たりに差し込まれるある種の客観性が、テクストに新たな印象を与える。「もしかして自己否定になってはいないか?」という印象はこうしてかたちづくられたわけである。

それにしてもなぜこのような堅苦しいテクストを書くに至ったのだろうか。

スポーツが見るに忍びない。ここ最近ずっとそう感じている。ここでいうスポーツとはいわばプロスポーツおよびオリンピックの競技種目になっているもので、すなわち「近代競技スポーツ」を指す。野球もサッカーも陸上も、そしてラグビーでさえも、なぜだかわからないがそれほどオモシロく感じられないのである。

いや、ラグビーについてはやや違って、昨秋(二〇一五年)のワールドカップを境にオモシロさが盛り返した。エディ・ジョーンズ監督が率いたジャパンの戦いぶりからは、筆舌に尽くし難いラグビーの本質的なオモシロさが伝わってきた。南アフリカに勝利する、大会で三勝をあげるなどの結果もさることながら、ラグビーの質そのものが変わったことに心が躍ったのだ。

体格に劣る日本人でも工夫をすれば諸外国に通用する。「柔よく剛を制す」をまざまざと見せつけられては心が動かないわけがない（これは柔道での言葉だが、歴史を振り返れば体重別で行うようになってからその精神は骨抜きになった。僭越《せんえつ》ながらその部分をラグビーが引き受けていると私は思っている）。

自分が長らく取り組んできたスポーツなのだからオモシロく感じるのは当然だ。そう思う向きもあるだろう。ただ昨秋のワールドカップ以前は、そのラグビーでさえどことなくつまらなく感じていた。

「ライブで観たい」と感じるのは日本一を決めるトップリーグファイナルぐらいで、あとは録画で早送りしながらでも事足りる。でもそれも、観ておかなければ職場や街場で話題を振られたときに応えられないからという、半ば義務的な動機からだった。あまりこんなふうには言いたくはないけれど、どこか興醒めしている自分がいたのである。

**「勝ちにしか意味を見出せない」という狭量さ**

ラグビーでこれなのだから、他のスポーツならなおさらである。楽しみたいのに楽しめない。それがとてももどかしい。

先だって三重県鈴鹿《すずか》市でサッカー関係者と話をする機会があった。かつてジェフユナイテッド市原（現・ジェフユナイテッド市原・千葉）や京都サンガF.C.でGM（ゼネラル・マネージャー）を務め、イビチャ・オシムを日本に呼んだ祖母井秀隆《うばがいひでたか》氏と対談をしたのだが、打ち合わせから本番までのあいだ喫茶店をはしごしての五時間に及ぶ打ち合わせ、小中高のスポーツ少年・少女および保護者と指導者約五〇〇人を前に白熱した対談、そして終了後の懇親会に至るまで、入れ替わり立ち替わりたくさんの関係者と自然発生的にスポーツ談義に花を咲かせた。

周りのほとんどがサッカー関係者という「アウェイ」だったが、敵地に乗り込んでいるときの疎外感は一切なく、スポーツに携わる者同志で忌憚《きたん》のない考えを口にできる、終始「ホーム」のような雰囲気だった。

そうして話をするなかで、サッカー関係者数人が「実は今のサッカーはオモシロくないので見る気がしない」と口にした。自分以外にも同じように感じている人がいることに安堵し、その理由を聞いて我が意を得た。

私がラグビーに、サッカー関係者がサッカーに、やや歪んだ思いを抱くその理由は、「近代競技スポーツ」の肥大化にある。具体的にいえば商業主義への偏り、勝利至上主義の蔓延《まんえん》である。

一人の選手に対して何億もの年俸が支払われるのは明らかに行きすぎだし、それを助長する「代理人」こそがスポーツを歪めている。一部の有名選手だけがスポットライトを浴び、まるで芸能人かのようにふるまう様は見ていられない。現役時、引退後、問わずである。またマスメディアは自国出身のメダリストや成績上位者だけを取り上げるから、対戦相手や敗者の様子がほとんど伝わってこない。

また、IOC（国際オリンピック委員会）総会の五輪招致演説で安倍晋三首相が口にした「アンダーコントロール」（福島原発の汚染水問題は管理下にあるという意味）や票集めのための裏金疑惑問題、新スタジアムの建設やエンブレムの作成など、二〇二〇年に開催される東京五輪に関するトピックスを耳にするたびに、オリンピックなるものがどれだけ金にまみれているかがよくわかる。おそらく近代オリンピックの父であるクーベルタン男爵が現状を知れば嘆き悲しみ、そして小さくない怒りとともに大会中止を断行するのではないだろうか。

スポンサーの意向を忖度《そんたく》しての大会運営や選手のPR活動は、スポーツではなく明らかに資本主義の論理で行われているし、スポーツに精通していない者がこれみよがしに試合や選手の批評を口にしたり、競技の認知度を上げるための有名人を呼び水にした番組作りやイベント企画など、スポーツの商業化は絶賛進行中だ。

やや乱れ打ちにはなったが、これらはあの日の私たちが交わした話のごく一部である。ようするに「お金や権威をもたらす勝利をなりふり構わず是とする風潮」が、私たちの心に冷ややかな風を吹かせている。「スポーツは健全である」というイメージを隠れ蓑《みの》にして広がりつつあるこの風潮に、私たちは興醒めしていたのである。

『近代スポーツのミッションは終わったか　身体・メディア・世界』（平凡社）では、この風潮に対して手厳しくも真っ当な指摘が為されている。この中で今福龍太氏は、勝利よりも芸術的なサッカーを目指すようになったペルー代表を例に挙げて、次のように述べている。

だから、勝つということを目的化しないところで初めて現れる一つのスポーツのタイプがある、そのなかで完結するスポーツのリアリティというものがある。それを忘れてはいけないような気がします。

スポーツの世界では「勝たなければ意味がない」とよく耳にする。まるで金科玉条《きんかぎょくじょう》のように流布している言葉だが、私はここに「勝ちにしか意味を見出せない」という狭量《きょうりょう》さをみる。スポーツ界全体が、今福氏のこの指摘を真正面から受け止めなければならない時代に差しかかっているように思われる。スポーツ本来のオモシロさをこれ以上損なわないために、「スポーツのリアリティ」を取り戻さなければならない。パフォーマンスを極限まで極めた選手が繰り出すファンタスティックな個人技と、選手個々が呼応することで生まれる卓越したチームプレーこそがそれに当たる。商業主義と勝利至上主義に対置するスポーツのあり方、そしてスポーツの本質としてのその健全さは、つまるところ選手個々のからだの充実に由来している。

# 第4章

# 「引退後」を言葉にする

## 感覚を言葉で解体する

これまでの章では、筋トレの落とし穴に始まり、本来もっている健やかさが失われつつあるスポーツの現状を確認した。誤解を怖れずに言えば、豊かな感覚世界を奪う可能性がスポーツにはある。その背景として、商業主義、勝利至上主義、つまりは目に見えやすい結果を求める「筋トレ主義」があった。

では、どうすればこの「筋トレ主義」から脱することができるのだろう。

この問いについて、本章では引退後の立場から考えてみる。

ふと思い出した昔話から始めてみたい。

現役引退後すぐ、私はスポーツNPOの「SCIX（Sports Community & Intelligence Complex）」（通称シックス）ラグビークラブでコーチを任された。視界の歪みを抱えてはいたものの首から下は元気そのものだったので、十代のフレッシュな選手たちとともに走り回っていたのが今となっては懐かしい。

当時は自らやってみて手本を見せるという指導が中心であった。とはいえ得意なプレーとそうでないプレーがあって、すべてを体現できたわけではない。ラグビーほどに各ポジションの役割が異なるスポーツは他に類がなく、未経験のままに現役を終えるプレーがいくつもある。たとえばＢＫ（バックス）だった私は、ＦＷ（フォワード）が行うスクラムやラインアウトを一度も経験したことがない。

したがってスクラムの組み方やラインアウトのリフティング（味方選手を持ち上げる技術）は、手順はわかっているが実践はできない。立った状態で身を寄せ合い、数人で一つの塊になって前進を試みる、まるで「おしくらまんじゅう」のようなモールというプレーにも慣れていない。練習では行うものの試合で経験したことはほぼない。そのため手本を見せることは難しい。

私が得意なプレーはステップワークであった。スピードに緩急をつけ、角度を急激に変えることでディフェンスを翻弄する。相手の狙いの逆を突いた瞬間に急加速して前進を図り、トライをするのが専売特許であった。

相手選手の間合いに入るか入らないかの境界で脱力するかのように一瞬のスキを作るのがコツで、それに相手がつられた瞬間に加速すればオモシロいように抜ける。「なにを考えているのかわからない」状態を意図的に作ることによって相手の注意をこちらに引きつければよい。この状態をわかりやすくいえば「不意にボーッとする」ということになろうか。

当然のことながらこのプレーは思う存分に手本を示すことができた。

練習の締めくくりにいつも試合形式のタッチフットボールを行うのがこのクラブの慣習だった。タッチフットボールとはいわゆるタックルなしのラグビーで、少々の年齢差や体格差があっても一緒にプレーできる。メンバーを二つのチームに分け、コーチ陣もそのどちらかに入ってプレーする。もちろん指導することが第一なので、引っ込み思案な中学生の近くにいっては彼にパスを放り、独りよがりなプレーばかりを繰り返す高校生がいたらパスを意識するように声をかける。そうした指導の合間を見計らってはこれみよがしにステップを踏んだ。

ステップワークで大切なポイントは「急停止」と「急加速」である。これらを教えるために、かなり強調してオーバーアクション気味に行うことを心がけてはいたが、現役を辞めたばかりでまだ選手気分が抜け切れない私はときに夢中になり、指導を忘れて大人気ないプレーをすることもあった。試合形式の練習だけに、そこには勝負がある。やるからには負けたくない。指導そっちのけでのめり込んでしまうのも、ある程度は仕方がない。大の大人が勝負にこだわる姿を見せるのも指導の一つだ。

みるみる成長してゆく選手を目の当たりにする。これがなんと楽しいことか。このSCIX時代に私は指導者としてのよろこびを知った。彼らのまっすぐなまなざしは、怪我の影響で現役を続けられなくなった私のもどかしさを和《やわ》らげてくれた。

だが、ここで「指導者の壁」にぶち当たった。

手本を見せるのは現役を辞めてすぐだからそれほど難しくはない。彼ら選手たちと一緒にプレーするだけで事足りる。でもそれだけでは指導と呼べないのは言わずもがなで、指導者たるもの彼らがコツやカンをつかむためのきっかけを提示しなければならない。そのためには言葉での説明が不可欠となる。要諦《ようてい》を整理し、言葉で指し示す。とくに「意識の置きどころ」を示すことはなにより大切で、工夫を凝らす余地はこれを具体的に示すことで生まれる。なにも意識せずにただ反復するだけでもそれなりに上達はするだろうが、いつか必ず頭打ちになる。考えながらプレーすることは極めて大切で、つまり「考える」とは、意識的に動くことに他ならない。

そうなのだ。私は先ほど述べたステップワークにおける「意識の置きどころ」を、言葉で説明できないことに打ちのめされたのだ。それこそ「スーッとためてグイッと足を踏み出す」程度の、擬態語および擬音語（オノマトペ）中心の語彙《ごい》しか持ち合わせていなかった。説明できない自分にもどかしくなって、「こうやってやんねん」とつい手本を見せる。そうしてなんとかその場は凌ぐ。悔しいから次の練習までになんとか説明してやろうとノートに書き込んで整理するも、納得いく言葉が十分には出てこない。

私は今までどんなふうにしてステップを踏んでいたのだろう。

悩んだ。考えに考えた。ずっと考え続けた。身につけたスキルを言葉で解体する作業は思いのほか難しく、いつのときも困惑していた。パフォーマンスが落ちてゆく、つまり習得した技がこのからだから剥がれていくような不安にも襲われた。その恐怖から言葉で整理する作業に嫌気が差すこともあった。

言葉によるパフォーマンスの解体を続けるうちに、ふとタックルの説明ならそれなりにできることに気がついた。

## 得意なプレーは言葉になりにくい

大学生のときに肩関節を脱臼した私は、それ以降タックルがうまくできなくなった。タックルした際に右肩が外れたのだが、そのときのイメージが拭えず恐怖心がべったり張りついていた。ラグビーにおいてタックルは最重要プレーといっても過言ではない。及び腰のタックルはチームメイトの信頼を失う。このままでは選手生命が終わると、心にへばりついた恐怖心を克服するために私はさまざまな工夫を凝らした。

脇が甘くなれば再脱臼する恐れがあるため、なるべく肘が開かないようにする。ヒットポイントがずれてもいけないので、相手を引きつけてから当たるためにできるかぎりインパクトの瞬間を自分のからだに近いところにする。

ああでもない、こうでもないと意識の置きどころを探って練習を繰り返した。

それからは、怪我をしたのは右肩なのでなるべく左肩でタックルできる情況にすべく正対する相手ディフェンダーの右寄りに立つようにした。どうすればうまくタックルに入れるのかを常に考えた。こうしたことがありありと思い出される。

不思議なことにこの試行錯誤の道のりを振り返るだけで言葉が浮かぶのだ。さらに自身が苦悩しただけに、選手が感じているであろう恐怖にも想像が追いつく。感情移入しやすいことで当然、伝え方も優しくなる。

意図して身についたプレーは言葉になりやすい。これとは反対に、意図せずとも身についたプレーは言葉になりにくい。物心ついたころから、というのは少し過剰にしても、スポーツ選手には、すでに選手として始まったときには身についていたプレーがある（あくまでもこれは過去を振り返るなかでの意識ではあるが）。私にはそれがステップワークだった。

多かれ少なかれスポーツ経験者には「いきなりできた（と思い込んでいる）プレー」があるはずだ。

これは身体能力に優れているからとか、先天的に身についていたとか、そういうことではない。反復練習を繰り返したのちに成就《じょうじゅ》するのではなく、なにかの拍子でいきなりできてしまうことがあり得るのだ。少しの練習でさっと身につくこともこのからだには起こりうる。

天才肌といわれる人たちは、身につけたもののうち「いきなりできたプレー」の割合が多い。無意識的にからだが直接覚えたことだから、うまく言葉にならない。「こうすればいいんだ」と身をもって示す以外に他者に伝える術《すべ》がないから、地団駄《じだんだ》を踏む。教えることの難しさを感じ、言葉で説明しようともがいてもなかなかそれがかなわない。場合によっては自信を失う。でもこれはただ伝える術を知らないだけだから、あとになって概念や言葉を身につけて説明の仕方を学べばよいだけだ。

最近になって「いきなりできたプレー」であるステップワークを、少しずつではあるが言葉にできるようになってきたと自負している。ようやくここまできたかという手応えを感じている反面、まだまだ物足りなさを感じている部分もある。

ただこの物足りなさ、つまりこの身にありありと感じているステップワークの身体実感をいまだ説明しきれていないという不充足感は、いつまで経っても消失しないだろうとは思う。かぎりなく近づくことはあったとしても、実感と過不足なく一致する説明はおそらく永遠にかなわない。感覚と言葉は相容れないからだ。このなんともいえない歯痒《はがゆ》さが、感覚を言葉にするときについてまわる独特の感懐だと思う。

また、「いきなりできたプレー」を振り返り、言葉で説明しようとしたときには自らが崩れ去るような不安感に襲われる。これは身体動作の「ゲシュタルト崩壊」である。ムカデが自分の足の動きを意識した途端にもつれて歩けなくなったという昔話があるが、まさしくあれである。あるいは、見慣れた漢字をしばらく眺めていると、その漢字が正しいかどうかがわからなくなるという現象もそうだ。ステップワークの動きや感覚を分析する際にときどき感じた、この「ゲシュタルト崩壊」がもたらす得体の知れない恐怖は忘れられない。

身体にめり込んだ技術をあえて言葉で説明するのはとても難解だ。それでもスポーツ指導者はそれに立ち向かっていかなければならない。なぜなら、現役のときのようなプレーはやがてできなくなるからだ。老いてなお熟練してゆく職人とは違い、スポーツ選手は引退時期が早い。肉体の衰えとともにだんだん劣化してゆく数々のプレーは、その感覚を言葉にしておかなければ伝承されることなく虚空に消える。

急《せ》いてはことを仕損じるとはいうが、急がないことにはいつまで経っても言葉にならない。今こうしているあいだにも現役当時の感覚は薄れつつある。技の伝承に言語化は避けて通れない。すべてのスポーツ選手は引退後に自らのスキルを言葉にする努力を怠ってはならないと思う。

## 感覚の受け渡し――身体知の伝承

### 「名選手、名監督にあらず」を実感した現役時代

スポーツの世界では「名選手、名監督にあらず」とまことしやかに囁《ささや》かれている。選手として卓越した実績を残した人が必ずしもよき指導者になるわけではない。競技力と指導力は別ものので、むしろ相反する部分さえある。この考えはスポーツ界の中だけにとどまらず広く人口に膾炙している。

長らくラグビー選手だった私は、現役生活を通じてこの考えの正当性を肌で感じてきた。輝かしい実績を残したコーチの指導には困惑させられることも多く、中には目から鱗《うろこ》が落ちたこともなくはないが、大概は煙に巻かれたように感じたものだ。

ところどころではなんとなくわかる。

でも総じればなにが言いたいのかはよくわからない。

ときに皆目《かいもく》見当がつかないこともある。

とくに「オレが現役だったころはな……」という枕詞《まくらことば》で始まる長々とした自慢話には辟易《へきえき》した。温故知新の大切さは重々承知しているが、酒の席ではあるまいし同じ話を何度も聞かされてはたまったものじゃない。だからといってその方の選手実績を軽んじるわけではないのだが、こよなく上達を望む選手の立場からすれば知見を汲み出す手がかりとなる言葉がほしい。でもそれがよくつかめない。素材のままではなくいくらか調理した上で差し出してはくれないものか。OB指導者からのおきまりの自慢話に「また始まった……」と右から左にただ聞き流すしかなかったあの時間が、私には苦痛でしかなかった。

とにかくわかりにくかった。もう少しわかりやすく説明してくれたらと、ずっと願っていた。現役生活十九年を振り返れば総じてこんなふうだったから、選手と指導者の資質には大きな隔たりがある、競技力と指導力は水と油のように混じり合うことはないものなのだと、信じ込んでいた。

## 論理とたとえや経験を混ぜつつ身をよじりながら伝える

現役時代には信じてやまなかった「名選手、名監督にあらず」という信憑《しんぴょう》は、引退して十年以上が経とうとする今になって訝《いぶか》しむようになった。よくよく考えればやはりこれは間違っているのではないかとさえ思い始めている。

どの世界でもその道に長けた人は後進を育てる役割を担っている。音楽や絵画、パティシエやシェフなど特殊技術がものをいうすべての世界でこれは常識だ。なぜスポーツ界でだけこのような信憑が囁かれているのか。これは、現役時代の実績や人気で指導職に就く傾向がスポーツ界にはあり、「コーチングの伝承」がまったくと言っていいほど為されていないからである。

座学で知識を学ぶことと比較すれば明らかだが、スポーツは技術を身につけなければならない。頭で「わかる」のではなく、からだで「できる」のがゴールである。だから指導者は、選手が「できるようになる」までを面倒見なければならない。

そこでは「コツやカンを伝える」ことが不可欠となる。先にも述べたようにこれがなかなか困難を極める。ラグビーにおけるステップワークでは「スピードの緩急」「急激な方向転換」、そして「間合い」が大切なのだが、これらの伝達は一筋縄にはいかない。緩急のつけ方、方向転換をするタイミングといったコツやカンは、そのすべてを過不足なく言葉で象ることは難しい。

経験則では「スーッと相手に近づき、相手の出方を見極めた上でパッと方向を切り替える」というように、オノマトペがどうしても混ざる。「ビュッと走る」と「スーッと走る」の違いは、その語感から誰もがなんとなく想像できるはずで、「パラパラ降る雨」と「ザアザア降る雨」、ドアを叩く様子を形容する際に「トントン」と「ドンドン」を用いた場合では、受ける印象は明らかに異なる。その語感がからだを揺さぶるようにして感覚を芽生えさせるのがオノマトペの効用だが、これを用いない指導が私はまだ十分にできないでいる。

これに続いて『膝かっくん』をされたときのように倒れ込む」というようなたとえも、つい口をつく。「膝かっくん」という比喩に託しているのは武術的な身体運用としての「膝の抜き」なのだが、この難解な感覚を伝えるための適切な語彙を私は今のところ持ち合わせていない。過去に一度でも経験したことのある感覚を思い出させることでコツやカンをつかむきっかけになるのではないかと、この比喩を好んで用いているが、うまく伝わっているかどうかは教えられた本人にしかわからない。伝わっているのかどうかは気になってはいるものの、逐一確認することはしない。動きの変化を観察するなかでこちらが気づくしかない。

そしてときには「僕の経験だと、すきま風が吹いてくる方向に向かえば相手を躱《かわ》せた」などと、私だけに固有の感覚を口にすることもある。それを聞いた学生および選手は決まって困惑した表情を浮かべるが、それでもよいと私は思っている。そんな感覚ってあるんだと頭の片隅に置いておくことで、それと似たような感覚をいつしか手にすることがあるかもしれないからだ。

大学生にラグビーを指導する著者

こうした経験から、スポーツ指導者が発する言葉は必ずしも論理的でなくてもよいのだと私は考えている。ただし、ここが大切なのだが、「論理性を否定する」のとはわけが違う。ここを見過ごしては大きな間違いを引き起こす。

論理的に伝えようと努めるなかでどうしても説明しきれない部分を、オノマトペやたとえや経験則で補うのである。論理的な語法も指導言語の一つの形態であって、それを含めたさまざまな言い回しを駆使するのがスポーツ指導の要諦だ。伝えきれないという不可能性を抱えたままに、身をよじりながら伝えようとする構えが指導者には求められる。

## のんびり時間をかけよう

繰り返すことになるが、スポーツ指導では指導者と選手のあいだでの共感、すなわち「わざの伝承」が目指される。頭ではなくからだで理解することが目的だ。これには個人差もあり、それなりにまとまった時間が要る。飲み込みの早い人は直ちに実践できても、そうでない人は試行錯誤する時間が必要だ。言葉の意味を考え、それが指し示すものを想像し、それらをもとに練習や稽古を積み重ねた先に初めて感覚が芽生える。個人差はあるものの、コツやカンが萌《ほう》芽《が》するにはそれなりに時間がかかる。

先達《せんだつ》の立ち居ふるまいを見つめ、身をよじりながら訥々《とつとつ》と語られた言葉から選手は学ぶわけで、それにかかる時間の射程が他の分野に比べてスポーツは極端に短い。たとえば能楽では六十歳でようやく一人前として認められるという。能楽特有の身体感覚を醸成するための時間の射程は、極めて長い。だがスポーツはそうではない。競技ごとの違いを考慮しても、おおよそ人生の半ばまでに現役生活は終わる。となればコツやカンが萌芽するまで悠長に構えている暇などない。かぎられた時間のなかで競技力を最大限まで向上させなくてはならない。そのためにはコツやカンを促成栽培しなければならない。

中学、高校の部活動だと三年、大学だと四年でレギュラーになる、あるいは大会で優勝するなどの結果を残さなければならない。しかもスポーツに取り組む生徒や学生は、心身ともに成長途上にある。言葉を理解する力もまだまだ未熟だ。こうした環境だと、単なる反復練習や根性論による指導、場合によっては暴力的な言動で選手を追い込む指導のほうが効率がよい。選手が指導者の言葉を吟味しつつ創意工夫を試み、自らの力でコツをつかむまで、呑気《のんき》に構えてはいられないのである。

つまりスポーツ界には数十年にわたって身体感覚を研ぎ澄ますという習慣がない。スポーツ経験者の大半は過酷な環境に追い込まれるなかで短期的にコツやカンを身につけてきた。言葉を吟味し、自らのからだと対話してきたわけではない。(主観的には)自動的に身についたコツやカンを大半の指導者がうまく言葉で説明できないのは、だから当然である。このことが「名選手、名監督にあらず」という信憑を生み出した主因ではないだろうか。

競技経験者としての指導者は、自らのからだに潜在する豊富な感覚を言葉にする努力を怠ってはいけない。うまく言語化できないもどかしさを抱えながら、それでも言葉で伝える努力を続けることが指導者としての責務だと思う。かつては「できた」ことを誰かに「わかる」ように語れてこその指導者だろう。つい怒鳴り散らしてしまうのは、この努力を怠った自らへの苛《いら》立《だ》ちにすぎない。

かくいう私もたまに苛立ちを覚える。「なんでわからへんねん」と心が乱れる。そのたびにスポーツ指導の難解さが突きつけられて落胆する。でも、だからこそのんびり時間をかけようと頭を切り替えるようにしている。学生スポーツは、短期間での勝利を義務づけられたプロスポーツではないのだから、腰を据えてじっくり時間をかければいいのだと。

還暦になるころにはいっぱしの指導ができるようになればいい。そう自らに言い聞かせるくらいが、心身のバランスを取る上でちょうどいいと思っている。

## 記憶は作り、育てるもの

### 現役時代の悔しい思い出

現役を引退してから今年（二〇一六年）でちょうど十年となる。ラグビー選手を卒業したのは三十一歳だから、不惑を過ぎて私は四十一歳になった。

赤塚不二夫の名作漫画『天才バカボン』をご存じの方は大勢いるはずだ。では、アニメ番組のエンディング曲で流れる「四十一歳の春だから〜♪元祖天才バカボンの〜♪パーパーだーかーら〜♪」というフレーズは憶えているだろうか。ユーモア溢れる作品の内容とは似ても似つかない物悲しい雰囲気とともに、私の心には強烈に焼きついている。

あのバカボンのパパと同い年になったという小さくない衝撃が、ちょっとした時間差を伴ってこの身を襲う。

頭にはねじり鉢巻、腹巻に草履《ぞうり》という出で立ちに、鼻毛か髭《ひげ》かわからない数本の毛を鼻の下に生やし、歯も二本だけ。どこからどう見てもおっさんである。それもかなり変なおっさんだ。その年齢にいつのまにか自分が追いついた現実を突きつけられて複雑な心境である。自分が老いたことは自覚しているけど、あんなおっさんではないだろう、もっと若いよ、僕は、と思う。

人は老化に抗《あらが》いながら生きていく。その意味で、バカボンのパパと同い年になったことをこれほど気にするのは、もう立派なおっさんになった証拠ではある。

破天荒な言動で周囲を混乱に巻き込みながら、最後は「これでいいのだ」とすべてを肯定する「バカボン哲学」は、よくよく考えればとても滋味深い。ここを掘り下げれば書くに値するテーマになりうるとは思うのだが、ここではスルーしたい。

ここでのテーマは「記憶」である。バカボンのパパと同い年になった今、もとい、引退して十年という月日が経った今、現役時代の「記憶」はどんどん薄れつつある。その一方で、より鮮明になりつつある「記憶の一部」もある。総量としては薄れつつも、部分的には強化されているような実感があるのだが、このあたりについて書いてみたい。

会う人会う人に「元ラグビー選手です」と自己紹介するときに、かつて自分がラグビー選手だったことが思い出されるものの、普段はほとんど自覚することはない。本を読んだりものを書いたり、講義をしたり実技をしたり、酒を飲んだりしているときにはすっかり忘れている。

無意識の中にどっぷり沈み込んでいる。現在は大学教員なのだからそれは当然のことで、やめてから十年も経てば記憶の数々は色褪《あ》せてゆく。まことに寂しいものである。

だが、いざ誰かにわかってもらいたくて話を始めたときには、意外にも言葉が連なる。伝えよう、伝えたいと意図するほど、たどたどしいながらも言葉が口をつき、当時の記憶がよみがえってくる。話すにしろ書くにしろ、無意識の中にしまい込まれた記憶の数々は、「言葉にする」という営みを通じてカラフルな色彩を帯びて再び意識化される。

高校生だったとき、周囲から創部以来最強のメンバーだと期待されながら、花園（全国高等学校ラグビーフットボール大会）出場をかけて臨んだ大阪府予選の準決勝で啓光学園に敗れた。悔しい思い出だ。ノーサイドの笛が鳴る前に勝負の大勢が決した時点で堪《こら》えきれずに涙を流したのは、後にも先にもこのときだけである。

卒業してしばらくは、たまに集まった仲間同士の飲みの席などで当時の話に花を咲かせた。「あそこでパスをしていれば」「モールの対策が十分であったなら」などのタラレバ話で、切なさと悔しさとやるせなさを増幅させつつ溜飲《りゅういん》を下げたり、そこから一歩踏み込んで「敗因はどこにあったのか」「試合への臨み方に不備はなかったか」などと、自分たちを俯瞰《ふかん》的に見下ろす分析的視線から冷静に語り合った。

## 鮮やかに憶えているトライ

大学一年のときは怪我に泣いた。

Bチームでの活躍が認められ、関西リーグの終盤にようやくファーストジャージ（もともとはホームチームが着用するジャージを意味するが、ここではレギュラーメンバーが着用するジャージを指す）に袖を通す機会を得た。だが、前日の試合で左手首を痛めていて満足なプレーができなかった。パスを受け取るだけでも激痛が走る状態ながら、どうにかこうにか試合終了まで凌ぎ切った。翌日、病院で検査を受けると左手首舟状骨《しゅじょうこつ》骨折で手術が必要との診断が下った。「こんな状態でよく試合に出たね」と医者に呆れられたと同時に、やっとつかんだレギュラーの座を逃した現実にうなだれた。

この経験は、高校まで無条件に第一線で活躍してきた私にとって初の挫折であり、ギプスで固めた左手首を三角巾で吊りながら自チームの試合を観客席から眺めているときのやるせなさは、思い出すのも憚られる。

もちろんいい思い出もある。

大学時代を振り返ると三年生のときがもっとも好調で、フルバックで出場したリーグ開幕戦では一人で六トライを記録した。場所は花園ラグビー場、対戦相手が立命館大学だったことだけは憶えているものの、それぞれのトライをどのようなかたちで奪ったのかはもう忘れてしまった。どのトライも、味方が相手をおびきよせたあとにくれた絶妙なパスばかりだった。

いや、一つ思い出した、最後のトライだけはっきり憶えている。タックルにきた相手を吹っ飛ばしてのトライだった。巧みなステップで相手を躱すタイプの私が柄にもなくタックルを弾き返して奪ったものだから、あるチームメイトが驚いて駆け寄ってきた。当時は一八一センチ七八キロという、最近のラグビー選手に比べるとずいぶん細身ながら、相手ゴール前でつかみかかる相手にぶち当たってそのままインゴールに倒れ込んだ。スペースに颯爽《さっそう》と走りこむのではなく、相手選手を押しのけてゴールラインを超えた、そんなトライだった。

さらにもう一つ。その開幕戦から好調を維持したまま迎えた大阪体育大学戦では、曰《いわ》く表現しがたいトライを記録した。インゴールにボールを置いたあとに振り返っても、ここまで自分が走ってきたコースが皆目見当がつかないのである。どうやってトライにまで至ったのか、その道筋がどう振り返っても思い出せない。

録画した映像を見返した上でそのときの情況を回顧すると、パスを受けた私はフォワード（主に肉弾戦を得意とするポジションの総称。スクラムやラインアウトを行う）数人が集まる密集に突っ込んでいった。狭いエリアにたくさんの選手が集まっているのだから、走り抜けるスペースはほぼないに等しい。約一〇メートル四方のエリアに五人はいたと思う。にもかかわらずその密集を相手タックラーに触れられず駆け抜けた。当時、「よくぞこんなところを走り抜けられたものだ」と我ながら感心したものである。確か小刻みに四回ほどステップを踏んだとは思うが、記憶は定かではない。間合いを見切り、つかみにくる相手をギリギリのところで躱し、急加速して逃れる。我ながらまるで瞬間移動しているような動きだった。

## 記憶を耕す

カラフルな色彩を伴っていたかどうかの判断は読者に委ねるとして、以上が即興的に現役時代を振り返って思い出した記憶の一部である。放っておけばどんどん遠のいてゆく記憶の数々も、こうして言葉にすることによって曲がりなりにも一つのかたちになる。文章という衣装をまとえばその容貌が露《あら》わになるというわけだ。

あくまでも私の実感にすぎないのだが、たぶん過去の記憶は自分一人でただぼんやり思い浮かべるだけでは、いつまでもカオスのままなのだと思う。当時を振り返りつつぼんやり中空を眺めてニヤニヤするのも、また楽しいひとときではあるけれど、時間の経過とともにそのカオス的な記憶はどんどん色褪せてゆく。そうして記憶は、いつのまにか「亡きもの」となる。ともすれば「かつてのオレはすごかったんだ」というすがりつくような気持ちとともに、他人が聞けばなにがどうすごいのかが一向にわからないただの自慢話と化す。深酒したときの自慢話はまあよしとして、指導現場においてこうした語り口で過去を開陳することだけはできれば避けたい。

語れば語るほど、書けば書くほど、ある言葉が呼び水となって記憶は鮮明になる。多少の誇張をともないながら。

こう考えるきっかけとなった一冊の本がある。詩人の故長田弘氏が書いた『記憶のつくり方』（朝日文庫）だ。

記憶は、過去のものでない。それは、すでに過ぎ去ったもののことでなく、むしろ過ぎ去らなかったもののことだ。とどまるのが記憶であり、じぶんのうちに確かにとどまって、じぶんの現在の土壌となってきたものは、記憶だ。

記憶という土の中に種子を播いて、季節のなかで手をかけてそだてることができなければ、ことばはなかなか実らない。じぶんの記憶をよく耕すこと。その記憶の庭にそだってゆくものが、人生とよばれるものなのだと思う。

ジャングルジムの頂上から落ちたときの痛ましい思い出、風邪で学校を休んだときの午前の明るい光に感じる孤独、父に肩車されたときの見晴らし、遠い街の喫茶店でルクセンブルク製のコーヒー茶碗でコーヒーを飲みながら読む「老子」の味わいなどの記憶の数々が、この本には彩り豊かに描かれている。

続いてそのあとがきにはこう綴《つづ》られている。

過ぎ去ることなく自分のなかにとどまった「記憶」は、決して永遠不変な事実などではない。それは、自らが耕すことでかたちづくられる。

ある試合を、ある場面を振り返り、感じたことをひとつひとつ言葉にしてゆく。あるいは引退後なら、指導者という立場から教える選手のプレーを見ていてふとよみがえるものを言葉にする。そうして「スポーツでの経験（記憶）」は確かなものになるのではないだろうか。

大会で優勝することも、オリンピックに出場することも、一つの功績であり大切なことにちがいない。だが、スポーツの本質はそこに至るまでの道筋にこそある。なにに狂喜し、なにに打ちひしがれたのか。躓《つまず》いたのはどこで、それを乗り越えるためにどんなことに取り組んだのか。まるで誰かに操られるようにして動けたプレー、音がなくなり時間が消えたように感じた瞬間などの不思議としかいいようのない体験。それらの汎用《はんよう》性に思いを馳せつつ、どうしても揺れ動く感情の一つ一つを丁寧に掘り起こしながら、たとえ最初は不格好でも言葉にしようと努める。この「記憶を耕す」という営みを通じて、豊かなスポーツ経験を有する元選手の人生は広がる。こうして現役時代と引退後に隔てのない人生が、徐々にではあるが築かれてゆくのだと思う。

この十年で耕せたのはごくごく一部だ。まだまだ残る手つかずの荒地に私のまなざしは向いている。

## スポーツ活動は言語活動にも通じる

### テレビでのラグビー解説を始めてみて

二〇一六年からテレビでラグビー解説の仕事を始めた。夏ごろにオファーをもらい、引退後ずっと心のどこかで一度はやってみたいと望んでいた仕事だったので二つ返事で引き受けた。声をかけてくれたのが小学生時代からの同級生で、中学から大学までともにラグビーに汗を流した友人だから、そもそも「断る」という選択肢が私にはなかった。

若かりしころに苦楽をともにした友人から密かに望んでいた仕事をもらう。こんな僥倖《ぎょうこう》に恵まれて私は幸せだと思った。と同時に、身内に近い友人からの依頼だからこその重圧も感じた。いい加減な気持ちで仕事をするわけにはいかない。結果を残せなければ彼の信頼を損なうことにもなりかねないからだ。

この重圧をやりがいにしよう。身が引き締まる思いだった。

ただ唯一の不安は、解説するのがフランスリーグTOP14だったことである。

引退後、解説者としても活躍
（WOWOWラグビー フランスリーグTOP14およびシックス・ネーションズにて）

高校の全国大会である「花園」や大学選手権およびトップリーグの国内リーグと、南半球で行われている「スーパーラグビー」はそこそこ観ているものの、フランスリーグはほとんど観たことがない。それは選手のプレースタイルやチームとしての戦術や戦略に見当がつかないことを意味する。過去の戦績や選手名は調べればわかるにしても、これまでの伝統や戦い方の独自性などそれぞれのチームのスタイルがイメージできない。こんな自分に解説者としての責務を担うことができるのだろうか。

しかし、他のどんな仕事でもそうだが、なんの憂いもなく最初からこなせるものなどほとんどない。初めて試みる仕事には多少の心配や不安がついてまわる。ふと立ち止まり冷静になって考えることはとても大切だが、考えがすぎれば身動きが取れなくなる。このあたりの塩梅《あんばい》は非常に難しい。

「請われれば一差し舞える人物になれ」。引退後ずっとそう心がけて研究に取り組んできた私には、今回のオファーはそれを試す絶好のチャンスに思えた。

できるかできないか、それはやってみたあとになってわかることだ。そもそも「この人ならできそうだ」という評価に基づいて依頼されたのだから、依頼主の信頼を信じないわけにはいかない。自分自身のことは、自分よりも他者のほうが詳しい。自己評価よりも外部評価に重きを置く心構えは処世の基本である。

こう気持ちを整えたあと、私はほどなくして解説のための準備を始めた。

ちなみにフランスリーグの試合はＷＯＷＯＷが独占放映している（二〇一九年六月に放送終了）。ある日、研究室を訪ねてきた学生は「ウォウウォウ」と口にし、彼女の母親はいまだに「ワオワオ」と発音するそうだが、正しくは「ワウワウ」である。親しき友人が務める会社の呼称だから、この場を借りて正しておきたい。

## 「からだ」から「言葉」への切り替え

さて、テレビ出演の仕事は二〇一五年の「NHK短歌」以来である。この番組は決められた題の短歌を全国から公募し、選者が評価するという内容で、その選者の一人である染野太朗氏から依頼された。前著『近くて遠いこの身体』(ミシマ社)がきっかけだった。番組出演後に一度だけ映像を見返したのだが、テレビ画面に自分の姿が映ることへの違和感が拭えなかった。だから以降は見ていない。

ガチガチに緊張している様子が画面を通じて伝わってきたし、当時の緊張が胸のあたりに蘇ってくるのもあまり心地よいことではない。自分の姿を見ることにはある種の片付かなさがある。これまでにもテレビ放映された試合に出場してきたのに、今さらなにを言い出すのかとも思うのだが。

試合に出場しているあいだはカメラを意識することもなくただ目の前のボールを追いかけて、一所懸命にからだを動かすだけでよかった。練習を繰り返すことでからだに染み込んだ一つ一つのプレーを、半ば無意識に繰り出すだけで格好がついた。

でも、スタジオに座ってコメントを口にするのはそれとはわけが違う。カメラ位置を確認しながら司会者や実況と言葉のやり取りを意識的に行わなければならない。視線の置きどころに気を配りつつ、打ち合わせの内容に沿っての適切な説明が求められる。決められた時間のなかで歯切れのよい言葉を選ぶという作業におおいに戸惑い、それゆえの緊張感がともなう。

言葉よりもからだでパフォーマンスするほうが私は得意だ。そうはいっても、大勢の学生や聴衆の前で話をするのが主たる仕事の大学教員としては、いつまでもそんなことは言っていられない。引退して十年も経ったのだから、そろそろこのあたりを切り替える必要があるとは思うのだが、習い性というか、長らくの過程で身についた癖は修正するのがなかなか難しい。講義でも講演でも、いまだにその直前までわずかながらも緊張感がともなうのだから、「からだ」から「言葉」への切り替えはよほど難解で、それなりの時間がかかるということなのだろう。

言葉を介さずにからだの動きで表現することと、言葉の論理そのものでなにかを伝えることは、確かに違う。ただ、両者をつないだ先にあらわれる表現方法というのがおそらくはあって、最近はそれをイメージできるようになった。けっして混ざらないものとして両者を扱うよりも、いずれどこかで混じり合い、その帰結としての話法が生まれると考えたほうが、いやそう考えなければ、元ラグビー選手である大学教員として立つ瀬がない。

からだと言葉を融合させた話法というものをいまだに私は模索している。

改めていえば、今回はテレビという媒体を通してのおしゃべりである。九十分をかけてじっくり話をするのとは違い、わかりやすい言葉を瞬発的に使いながらの説明が求められる。講義との決定的な違いは「脱線話」ができないことにある。なるべく冗長《じょうちょう》さを排除して端的に解説しなければならない。

　たとえば試合中のある場面で解説すべきポイントが頭に浮かんだとする。すぐさま口を開いて言葉を継ぐわけだが、ここで求められるのは一言二言でその意味が伝わる切れ味鋭い言葉である。瞬間的にポイントをつかんで端的に説明しなければ、試合は容赦なく次の展開へと進む。ピッチャーの投球ごとに「間」が生まれる野球とは違って、一度ボールが動き出せば敵味方合わせて三〇人の選手が入り乱れて試合はスピーディーに展開する。言葉数が多くなればその速度に遅れをとることになり、タイミングを逃した的を射ない解説になってしまう。

　ここが講義とは正反対だ。これはもちろん事前に予測されたことだが、いざやってみると想像以上の困難さが伴った。脳の使用部位が異なるのではないかとさえ感じた。

　たとえるならばマラソンと短距離走の違いに近い。パフォーマンスを発揮するための時間制限によって、求められる脚の運びやペース配分は異なる。講義や講演を通じてマラソン的な言語活動に慣れ親しんだ私は、短距離走のように瞬発的に言葉を発する仕方に戸惑いを覚えた。競技が違えばその鍛錬方法が異なるのは当然のことだから、この点を意識しつつ今後は解説仕事に取り組んでいこうと思っている。

言語活動にも持久力型と瞬発力型がある。これに気づけたのもラグビーを通じて培ったからだがあればこそだと思っている。スポーツ活動は言語活動にも通じる。

そういえばラグビーは双方を必要とするスポーツである。現役時代を振り返れば、右に左にステップを踏み、急停止、急加速を得意としていた私は、むしろ瞬発力が売りのプレースタイルだった。だから、おそらく素養はある、と思いたい。

# 第5章

# 感覚世界の見取り図

## ――始原身体知

## 身体知とはなにか

### 運動指導者は感覚世界を指導できてこそ

ここまで筋トレの弊害から始めて、感覚世界の豊かさについて書いてきた。からだのハード面における強化を図るのが筋トレの目的で、特定の動きを習得するために必要なコツやカンなどの身体感覚をそのプロセスにおいて等閑にする。ここに筋トレの落とし穴がある。

コツやカンをつかむためには感覚世界に身を置くことは避けられない。自らの感覚を探りながらその動きに必要なコツやカンを捉えることが、動きの習得なのだ。そしてこの感覚世界においては運動主体からすればまるで暗闇を歩くような困難さが強いられる。上達している手応えもさほどなく、練習や稽古などの取り組みそのものが正しいのかもあやふやになることさえある。だから意欲を育み、記憶を耕しながら、ゆっくりとその歩みを進めていかなければならない。その道中では、わざを失うという不安を払いのけながら、身についたコツやカンを言葉に置き換える作業が必要なのだ。ことほどさように「感覚世界に身を置く」というのは口で言うほど容易ではない。

さて、いよいよ本章では感覚世界という暗闇を歩くためのガイドラインを書いていく。感覚世界の見取り図なるものを私なりに示してみたい。筋トレに頼らず運動を習得するための、つまりコツやカンをつかむためのよすがとなるテクストを目指しつつ、スポーツ科学の観点から筆を走らせよう。

発生論的運動学という学問をご存じだろうか。フッサールからメルロ＝ポンティに連なる現象学をもとにクルト・マイネルが創始したこの学問は、一九九〇年に「教科（保健体育）に関する科目」の中に採用され、金子明友《あきとも》氏を中心とするグループが研究を重ねた。

運動指導の現場では、からだを機械に見立ててその性能を高めるための筋トレやストレッチ、すなわち生理学的アプローチと、運動主体の意欲を高めるための叱咤激励、すなわち心理学的アプローチに終始している。運動を習得するにはこころとからだを鍛えることが近道で、それが最善の方法だとナイーブに考えられているが、この学問はここに疑問を投げかける。

繰り返すが、それぞれのスポーツ種目に求められる特殊な動き、すなわち「わざ」の習得にはそれに求められる感覚をつかまなければならない。だからこそパフォーマンスの際に運動主体の内面に生ずるコツやカンなどの感覚を指導することこそが、スポーツをはじめとする運動指導をする者にとっての喫緊《きっきん》の課題だ。理論や概念を論理的に学ぶ座学とは違い、実技指導では「わざの感じ」をつかむことが目的で、だから運動指導者はそれをこそ教えるべきで、つまり運動指導者は、感覚指導ができて初めてその役割を担いうる。こう考える発生論的運動学は、運動主体の感覚習得や運動指導者の感覚指導について詳細に研究を重ねてきた。

動きを実践するときに、運動主体の内面に生じる感覚を「動感」という。たとえば跳び箱を前にしたときに、「なんとなくこんな感じでからだを使えば跳べるはずだ」と思える人は、跳び箱を跳ぶための動感が充実している。逆に、「どんな感じで跳べばいいのかさっぱり見当がつかない」と思う人は、その動感が空虚である。料理人が手際よく包丁で食材を切り分ける作業は、包丁さばきに必要な動感が充実しているからできるのであって、普段ほとんど料理をしない人が包丁を手にしてもその動感が空虚だからぎこちない動きになり、どことなく様にならない。誤って手を切るのではないかと傍目《はため》にも危なっかしく映る。

ボールを投げる、蹴る、バットあるいはラケットで打つといった動きにもそれぞれに必要とされる動感がある。運動習得という現象そのものを厳密に掘り下げれば、この動感を充実させることが最大の目的であり、ポジティブな心構えも、発達した筋肉やからだの柔軟性も、つまりのところはこの動感の充実に収斂《しゅうれん》される。

だから発生論的運動学は、生理学的および心理学的アプローチだけに頼る運動指導は、結局のところ運動主体の自学自習に丸投げしているにすぎないと批判する。肉体的にハードな練習を課し、意欲を高めるために励ますだけでなく、動感を発生させるための感覚指導ができて初めて運動指導者と呼べるのであり、まずもって感覚世界を熟知することが運動指導者には求められるのである。

## 「運動神経の良し悪し」から身体知へ

さて、この学問の問題意識を共有したところでいよいよ感覚世界の見取り図を描いていこう。

発生論的運動学では「身体知」という概念を基底に据える。マイケル・ポランニーが提唱した「暗黙知」に端を発するこの概念は、言語化・数量化できない身体の作動の総称を意味している。

たとえばラグビーならば、迫り来る相手選手の間隙《かんげき》を縫って走るプレーは、相手との間合いを見切り、スピードと進行方向の角度を絶妙にコントロールすることで可能となる。「間合い」

「速度調節」「進行方向の切り替え」などの言語化・数量化に馴染まないこれらのパフォーマンスが、身体知の範疇《はんちゅう》に属する。この能力は反復横跳びや五〇メートル走の結果と必ずしも比例しない。徒競走が速い人が鬼ごっこもうまいとはかぎらないわけで、運動場面をよくよく観察してみれば、運動主体がそれぞれの仕方で身体知を駆使していることにすぐ気がつくはずだ。

私たちが運動場面において因襲《いんしゅう》的に「運動神経の良し悪し」だと解釈してきたさまざまなパフォーマンスは、この身体知という概念を当てはめればより深く考察できるようになる。運動神経のよさ、もっといえば先天的に獲得された運動能力とみなしてきたものも実のところその大半は身体知なのであり、その充実度をみれば実態が浮き彫りになる。

最初に断っておくが、これから述べる内容は、やや専門的であることは否めない。できるかぎりわかりやすく書いたものの、アスリートでも指導者でもない一般の人たちの中で、とりわけ、自身の身体感覚をどう深めていけばいいかについてのみ関心のある方や、感覚世界を知識として吸収する必要を感じていない方などは、適宜読み飛ばしてもらってかまわない。

## 始原身体知

ではさっそくその中身をみていこう。

運動習得のための身体知は三つに分けられる。

身体知　＝　始原　＋　形態化　＋　洗練化
始原身体知とは「生まれつきの運動能力」、形態化身体知は「特定の動きを身につけるための能力（つまりコツとカン）」、洗練化身体知は「動きの質を高めるための能力」である。

それでは一つずつみていこう。

まずは始原身体知だが、この身体知はすべての動きの基本となるもので、おおよそ生まれ持った能力として私たちがみなしているものである。

その性質から、体感身体知と時間化身体知の二つに大別される。

始原身体知　＝　体感　＋　時間化

## 体感身体知

体感身体知とは、私たちに馴染みの言葉に置き換えれば空間認知能力のことである。これは「ここ」がありありと感じられる身体知で、具体的にいうと、対象との距離がわかる「遠近感能力」、視覚に頼らず周囲三六〇度の情況を捉える「気配感能力」、自分のからだのニュートラルポジションがわかる「定位《ていい》感能力」がある。

遠近感と気配感は、その語感から想像するのは容易《たやす》いだろう。視界の内外にいる人や物体などの対象物との「隔たりを感知する能力」である。たとえばバスケットボールで相手ディフェンスを攪乱《かくらん》する効果的なパスを繰り出すポイントガードは、これらに秀でている。自分をマークする、あるいは背後に忍び寄る相手ディフェンダー、あるいはサポートしてくれる味方選手のポジションや彼らとの距離が感知できるからこそ、最適なプレーが選択できる。隔たりがわかるからこそ自身と対象とのあいだに生じたスペース（空間）が把握できる。

スポーツ場面だけでなく日常生活においても、私たちは知らず識らずのうちにこれらを働かせている。

たくさんの人々が行き交う街中を接触することなく歩けるのがそうだ。すれ違うはるか手前でその人との距離を感じ取り、右あるいは左に微妙にコースを変えているからぶつからずにす

## 身体知のイメージ

洗練化身体知
動きの質を高めるための能力
形態化身体知
特定の動きを身につけるための能力
始原身体知
生まれつきの運動能力

む。あるいは見通しの悪い曲がり角では、向こうから人が歩いてこないかを探るべく気配感を働かせ、また夜道を歩くときは背後から近づく人の気配に敏感になっている。外部に放射されたこの動感感覚は、わずかな空気の振動で対象を認識し、物音や声の大小で距離を測っている。

一方の定位感は、自らのからだのかたむきがわかる動感である。体操選手は空中でひねりを加えながらからだを回転させても着地を見事に決める。これは回転しながらに上（天）と下（地）を感知しているからできることであり、重力が働く地球上での安定姿勢であるニュートラルポジションからのかたむきがわかるから、着地の直前に身を翻して脚を地面に着くことができる。

二〇〇八年北京、二〇一二年ロンドン、二〇一六年リオデジャネイロのオリンピック三大会に出場し、金、銀合わせて七つのメダルを獲得した体操の内村航平《こうへい》選手は、目まぐるしく移り変わる視界に、ときおりわずかに飛び込んでくる屋根の色を視認することでからだのかたむきを把握しているという。練習の賜物とはいえ凄まじい定位感の持ち主である。

これは言うまでもなく上下だけにとどまらず、前後左右のかたむきもそうである。

この定位感もまた、私たちは無意識的に日常生活で発揮している。

ほとんどの人は転びそうになったときに危険を察知して、転ばないように踏ん張ったり、あ

## 始原身体知

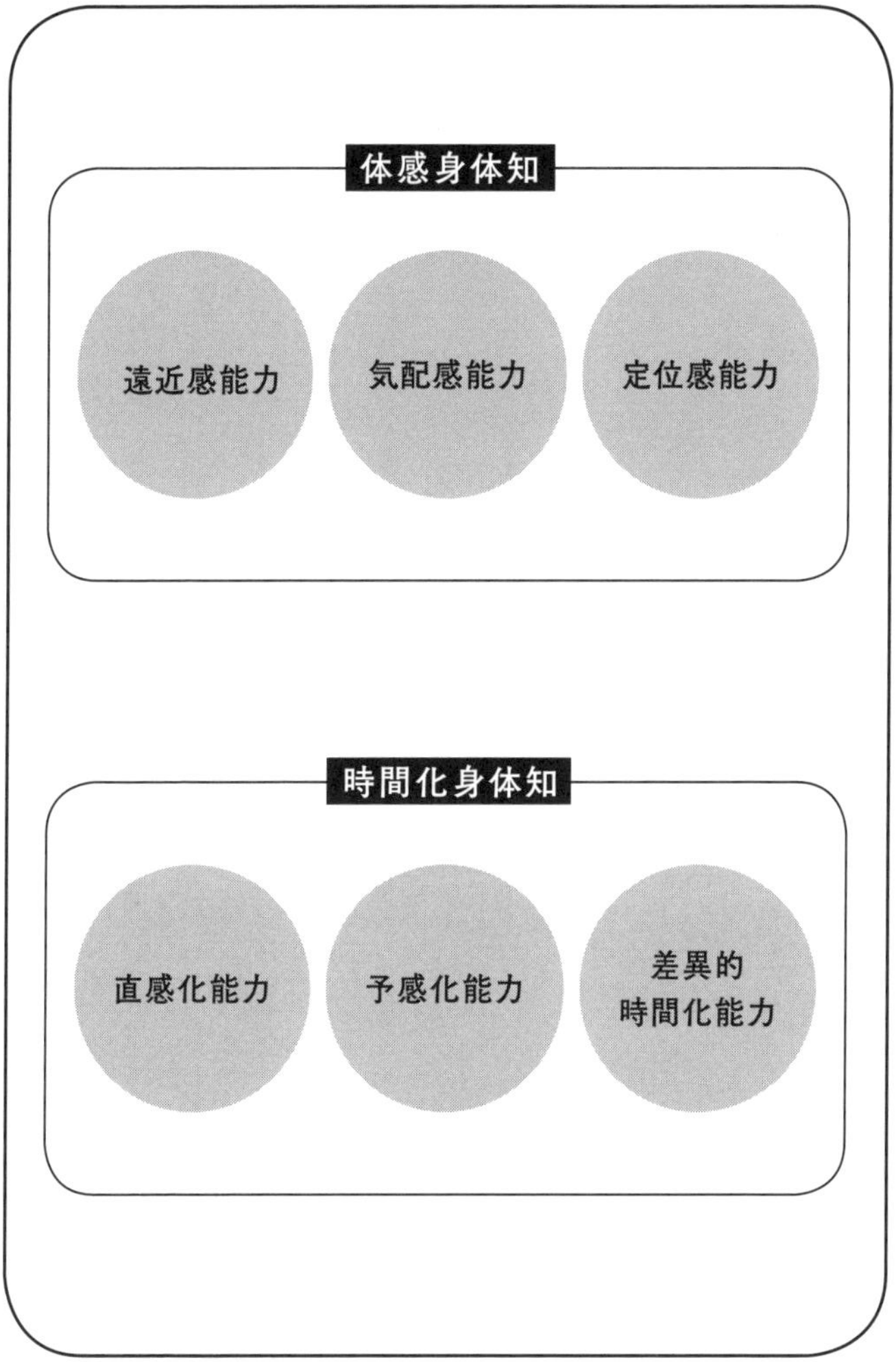

るいは転んだときのために身をすくませ、手をつく準備をするだろう。「このままでは転んでしまう」という瞬時の判断は、ニュートラルポジションからのかたむきが閾値《いきち》を超えたことを感知できるから下すことができる。片足立ちができるのも、沼地や砂浜を歩けるのも、この定位感が働いているからである。

この動感を私たちに馴染みのある言葉に置き換えれば、バランス感覚となろう。たとえば福祉の現場で問題となっている高齢者の転倒を防止するためには、まずはこの動感を充実させることを目指すべきだ。かたむいたからだをニュートラルポジションに戻すために筋力は不可欠なのだが、それに先んじて、かたむきを感知するこの動感の衰えを回復する必要がある。この定位感が空虚なままだと筋肉は単なる重りと化し、ますます転倒しやすくなるわけで、まったくの逆効果となる。

不安定きわまりない二足歩行を宿命づけられた人間にとって、この定位感はなにをするにおいても充実させなければならない動感であると私は考えている。

**時間化身体知**

次に、時間化身体知をみていこう。

これは「今」がありありと感じられる身体知で、動き出すきっかけをつかむ「直感化能力」、少し先の未来を想像する「予感化能力」、そしてこれら直感化と予感化をうまく反転させることのできる「差異的時間化能力」で構成されている。

たとえばバスケットボールで、自分がチームメイトからパスを受けたばかりの情況を思い浮かべてほしい。そのままドリブルするか、あるいはパスをするか、それともシュートを打つか。いくつかの選択肢の中から最適なプレーを選ぶわけだが、このとき運動主体はその後の情況を予感すると同時に、その予感に基づいて最適なプレーを直感する。自分以外の敵味方を含めた九人の散らばり具合を、遠近感や気配感で察知しながら、数秒後に訪れるであろう情況を瞬時に予感するや否や、すぐに最適なプレーを直感する。そうすることで効果的な攻撃ができる。

もしその後の情況を予感できず、ただただ自分の直感のみでプレーしてしまうと、それは「行き当たりばったり」になる。自分にマークがついているのにドリブルする、味方が走り込んでいないスペースにパスを出すといった失敗を犯すことになる。

これとは反対に、可能性としての未来を予感ばかりして直感が働かなければ、一歩たりとも動けない。未来予測は、いまだ訪れていないという点でその可能性は無限だ。敵味方それぞれの動きを完璧に予測することは到底できず、「そうなるかもしれない情況」は、あらかじめわかろうとして想像力を働かせるほどそのパターンは増える。こうした数ある情況から、起こりうる蓋然性の高い一パターンを絞り込むからこそ、その予測に応じた最適なプレーを直感できるのである。

この身体知もまた、スポーツ場面だけでなく日常場面でも発揮されている。私たちが人混みをかき分けて歩くとき、前方からこちらに向かって歩いてくる人が左右どちらに避けようとするかをまずは予感する。相手が自分の左側に避けそうだという予感から、私は右側に進路をとるという直感が働き、その一歩を踏み出す。この連続で私たちは難なく人混みを歩くことができる。

直感化と予感化が繰り返される、すなわち反転するという働きをスムーズに行う能力が差異的時間化である。「行き当たりばったり」にならず、立ち尽くして固まる状態にもならないためには、情況に応じて直感化と予感化を反転させなければならないのである。

となれば、運動主体に流れる時間意識は、常に未来へと少しはみ出しているように考えられる。時間は一瞬たりとも止まることなく、まるで川の流れのようにただただ流れ続けているのだから、今この瞬間を「今」と名指した時点で、すでに「たった今」は過去のものとなってしまう。慣習的に私たちが「今」と口にするとき、それはもう厳密な意味で「たった今」ではない。すでに未来へと時計の針が動いている。つまり運動主体にとっての「今」は、未来方向へと広がった幅をもっている。

そしてこの一連の動きはけっして忘れ去られるわけではなく、過去につなぎとめられる。余韻を引くように過去として蓄積してゆく。その蓄積した過去が、予感を働かせるときによみがえり、直感が働くのである。そう考えると、運動主体にとって時間は、未来から過去へと流れているともいえるだろう。時間そのものは過去から未来へと流れていることに変わりはないが、それを感じる運動主体いや人間は、主観的には未来から過去へと反対方向に流れるものとして意識しているといえる。

## 遊びが育む身体知

ここまで述べてきた始原身体知は、主に幼少期に遊びや日常生活のなかで培われると考えられている。

たとえば遠近感は、「鬼ごっこ」で鬼から逃げ回るなかで知らず識らずのうちに養われるし、気配感は「かくれんぼ」でその隠れ場所を探り当てようとするとき、あるいは「ハンカチ落とし」でハンカチを背後に置かれた瞬間を感じ取ろうとするときに如何なく発揮されている。定位感については「木登り」や「ジャングルジム」あるいは水中で、なんとかバランスを保とうとして充実させている。

さらに遡《さかのぼ》って、まだ歩くのもままならない幼児期は、床に置かれたおもちゃやリモコンを目指してハイハイするときに遠近感を、視界にいない母親を探すときに気配感を働かせているし、大人に抱えられて「高い高い」されているさなかには定位感が育まれていると考えられる。乳幼児なだけにその真偽を確かめることはできないが、具に観察すればこんなふうに見立てることができる。

そしてこれらすべての動きを行うときに時間化身体知は発揮されている。

人それぞれに固有の仕方で感知する身体感覚は曖昧で漠然としているが、この身体知という概念をあてはめてみればその豊饒《ほうじょう》性に気がつくはずだ。身体感覚なるものは私たちの想像をはるかに凌駕《りょうが》する奥行きをもっている。からだを使ってなにかをするときに、意識するしないを問わずほぼ自動的に働いているのが身体感覚であり、試合に勝っても負けても、身体感覚はその使い方に応じて豊かになってゆくものなのだ。とくに心身が発達途上の子どもにとってその効果は顕著で、だからとにかくからだを使って「遊ぶ」ことがなによりも大切なのである。

# 第6章

# 感覚世界の見取り図

## ——形態化身体知・洗練化身体知

## 形態化身体知（コツとカン）

ない。

### コツとカンの違い

おおよそ幼少のころに遊びや日常生活の中で培われる身体感覚が「始原身体知」である。私たちは運動場やグラウンドで運動能力に長けた子どもを目にしたとき、つい反射的に「あの子は先天的に運動神経がよい」と解釈してしまうものだが、よくよく観察するとそのかぎりではない。

定位感や遠近感、気配感といった身体知が実は働いているのであり、これらはこの世に生まれ落ちたあと、つまり後天的に充実させることができると発生論的運動学は考えている。海、川、山など自然の中で伸び伸びとからだを動かしたり、「かくれんぼ」やボール遊びなどの遊戯を通じて知らず識らずのうちに育まれる身体感覚をこの学問は的確に分析していると言えよう。

この始原身体知の次に取り上げるのは「形態化身体知」である。これは特別な動きを身につけるための身体知であり、端的にいえばコツとカンのことだ。スポーツのみならず、料理人の包丁さばきや書道家の筆さばき、楽器の演奏など、それぞれのジャンルに求められる特別な動きとしての「わざ」を身につけるためには、コツをつかみ、カンを働かせなければならないのは言わずもがなである。「わざ」の習得に励んできたほとんどの人は、なにかを特別に意識することもなくただ感覚的に動作を反復することを通じて、コツやカンを身につけてきたにちがいない。かくいう私もその一人である。

コツとカンはおおよそ同じものであると私たちは認識しているが、この両者はその性質において明確に異なる。発生論的運動学では、「骨」を語源とするコツを「自我中心化身体知」といい、論理的思考と対照を成すカンは「情況投射化身体知」という。

たとえばバスケットボールの基本技術であるドリブルのコツをつかむためには反復練習が不可欠だ。鞠《まり》突きのように「叩く」のではなく、「押し込むように」して、まるで手に吸いつくようにボールを弾ませるという動きが、このスキルには求められる。そのためには肘や手のひら、肩関節を柔らかく使わなければならない。腰を低く落とすことも重要だ。

このとき、当人の意識はからだの内側に向く。実際にボールに触れる腕を中心に、からだ全体をどのように使えばよいのかを感覚的に試行錯誤するわけである。このプロセスを通じていつしかコツをつかむときが訪れる。

そう、コツは内側からつかみとるものなのである。

ただし、ドリブルのコツをつかみ、うまくなったところでいざ試合で通用するかというと、それはまた別問題である。こちらの行く手を阻む相手選手がいて、サポートする味方選手がいる。コートのどのエリアに自分が位置しているのかを把握していなければならないし、ドリブルをするのかパスをするのかの判断も強いられる。つまりそのときどきの情況に応じたプレーが必要となる。このときの当人の意識は、そのほとんどが外側に向けられる。ドリブルをうまく行うための腕の動きに気をとられていたら、情況を把握することはかなわない。

カンは、意識を外側に向けつつ働かせるものなのだ。

コツをつかむには「意識の宛先」をからだの内側に向ける必要がある（自我中心化）。これに対し、カンを働かせるには周囲へと向けなければならない（情況投射化）。どちらか一方だけでは成り立たないのが「わざ」の習得で、コツをつかむことと、カンを働かせることを同時的に行えるようになることが運動習得のゴールである。コインの表裏ともいえるこの二律背反こそが、運動そのものを難しくもオモシロくもしている。

## 形態化身体知

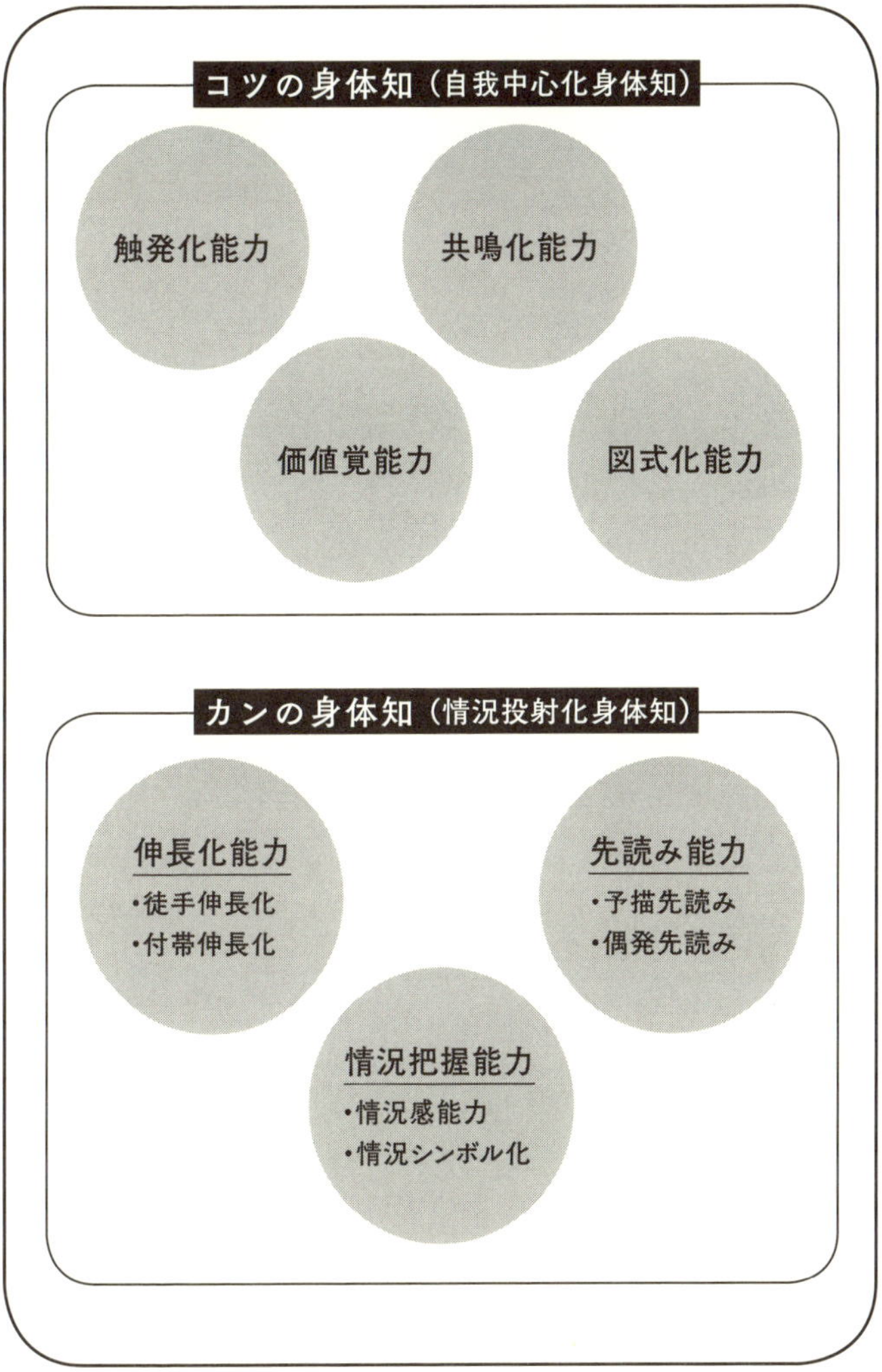
コツの身体知（自我中心化身体知）
触発化能力
共鳴化能力
価値覚能力
図式化能力
カンの身体知（情況投射化身体知）
伸長化能力
・徒手伸長化
・付帯伸長化
先読み能力
・予描先読み
・偶発先読み
情況把握能力
・情況感能力
・情況シンボル化

## コツ1／触発化能力と価値覚能力

まずはコツからみていこう。

コツである自我中心化身体知は以下の四つに構造化されている。

①触発化能力
②価値覚能力
③共鳴化能力
④図式化能力

一つ目の「触発化能力」は、「動く感じを意図的にわかろうとする力」である。

たとえば野球のバッターなら「ボールを打った瞬間の感じ」、バスケットボールなら「シュートを放った瞬間の感じ」、ラグビーなら「タックルした瞬間の感じ」など、そのプレーがもたらす感じを探ろうとしているのがこの能力だ。

ヒットになった、シュートが入った、相手を倒せたという結果が得られたのだからそれでよしとするのではなく、あくまでもからだの実感としてどうだったのかをわかろうとする。からだの内側に意識を向けて動感を探ろうとするこの力は、コツをつかむための土台ともなるべき身体知である。

こうして動感を意図的にわかろうとして反復するうちに、バットの芯を食ったかどうか、膝と肘が連動したかどうか、相手のからだの芯を捉えたかどうかなど、うまくいったときとそうでないときの体感にコントラストが生じてくる。打球の勢いや、シュートの軌道、体勢の崩れ具合などを参考にしつつ、体感の濃淡を感じながら反復するうちに、やがて「しっくりくる感じ」がわかってくる。スムーズな動きには筋肉が隆起するような「力感」がなく、意外にも手応えがないことに気がついてくる。

こうしてそれぞれの動感を評価できる能力が、二つ目に挙げた「価値覚能力」である。これが充実してくれば、ヒットになったけどバットの芯をわずかに外した、たまたまシュートは入ったけれど望む軌道ではなかった、相手は倒れたけれど力がうまく伝わらなかったなど、その後の帰結に引きずられることなく動きの質そのものを見極められる。ここまでくれば反復することそのものが楽しくなるだろうし、この「からだとの対話」のなかで身体感覚はどんどん深まってゆく。

## コツ2／共鳴化能力

「触発化」「価値覚」に続く三つ目は「共鳴化」である。一言でいえば、これは動きの流れがわかる能力のことだ。

走る、投げる、シュートをするなど、どのような動きであっても必要なのが「ある一定の時間」である。動きの種類によってその長さは変わるにしても、動き出してから一連の動作を終えるまでには「ある一定の時間」を要する。

たとえば「跳び箱を跳ぶ」という場面を観察してみると、助走を始め、ロイター板を踏み込み、上体を前方に投げ出しつつ跳び箱に両手をついて脚を開き、着地に至る。どれだけ助走をするかによってその時間は変わってくるが、長く見積もっても十秒に至らないほどの時間がかかるわけである。これらを一連の流れのなかでスムーズに行うことが、跳び箱を跳ぶ、ということになる。

共鳴化は、この時間感覚をからだが理解しているということである。

跳び箱の授業では、助走は全速力ではなく勢いをつける程度で、ロイター板は両脚で踏んで反動をつける、両手をつく場所は手前ではなく奥に、両手をつくと同時に脚を開く、着地は両脚をそろえるなどの、動きを細分化してそれぞれに求められるコツを、個別的に体育教師から教えられたはずだ。

これらのコツをつかむために、助走をする、ロイター板で踏み切る、手をつく、あるいは着地をするなど、全体の動きから切り取って個別具体的な練習をする。そうしてつかんだ一つ一つの動感をつなげて、一連の流れで行うことによってようやく跳び箱を跳ぶという動きは完成する。

助走の速度はわかる、ロイター板を踏み込む感じもわかるし、両手の置きどころもなんとなくわかる。でも何度試してみても一向に跳べないという事態に、心当たる人は多いのではないだろうか。わかっているのにできないというこのつまずきは、一連の流れで動くということの共鳴化が空虚である蓋然性が高い。

また、できない動きに挑戦するときにはそれなりの恐怖や不安がつきまとう。それらを乗り越えなければならないという点で、この身体知には一定の精神力が求められる。ここにもまた乗り越えなければならないハードルがあるわけで、「一連の流れで動く」という所作《しょさ》は感覚的にも心理的にも思いのほか難しい。

発生論的運動学には「動感メロディー」という専門用語がある。一連の流れで動くときに内在的に発生する動感を、「音楽」にたとえているのはとても興味深い。

細分化された動きに必要なそれぞれのコツをつかむことで生成された動感が音符だとすれば、それにリズムやテンポを加えることで一つのメロディーになる。つまり、個別的な動きの動感を身につけるのは「五線譜に音符を書き込むこと」、一連の流れで動くというのは「その楽譜をもとに実際に奏《かな》でること」になり、この後者を共鳴化というのである。

だからこそ個別的な動感がおおよそ芽生えたあとは、細かいことを考えずにやってみることが大切だ。「助走は勢いをつけるだけ……」「ロイター板には両脚でしっかりと……」「手は奥につかなくては……」などと、頭の中で復唱しているだけではこの力は養われない。細かなコツを思い浮かべるのを一旦やめて、時間の流れに身を委ねる。自らのからだが動きたいままにまずはやってみるという態度が動感同士のつながり、つまり「動感メロディー」を生む。

求められる動きの全体像を朧《おぼろ》げながらでも描けていれば、たとえ細部が詰め切れておらずまだまだ不明なことがあったとしても、とにかくやってみることで互いのコツが共鳴し、「動感メロディー」が流れるのである。

たとえばピアノならば、人差し指で音符を一つずつ押しているだけでは耳に心地よい音楽にはならない。手のひらを広げ、リズムよく鍵盤《けんばん》を押すことで音符と音符がつながって初めて旋律が生まれる。

## コツ3／図式化能力

最後の一つは「図式化能力」である。これは「確かめ」ができる力のこと。もっと具体的に言えば、その動きのなかでどのコツが重要なのかが体感的にわかるということである。

先にも述べたように、一つの動きのなかにはいくつもの細かなコツが散りばめられている。実際に運動する際にはそのすべてを同時に意識することは難しい。動きを細分化して個別的に練習をするときにはコツを意識化できるが、動感メロディーが流れているときにそれは不可能に近い。先にも述べたようにこれは一つ一つの音符をすべて意識しながらでは曲を演奏できないのと同じである。反復練習で身についた無意識的な動きができなければ、より高度な曲を奏でることも、もっと複雑な動きを実践することもかなわない。

とはいえ、やはりポイントになるコツは押さえておかなければ、体感を深化したり、動きそのものに修正を加えるときには路頭に迷う。習得した動きを再現する際のフックとしてのコツを、いくつもの細かなコツのなかから抽出しておく。動き全体を図式化しておくことで、しっくりくる動きとそうでない動きの区別ができる。つまりある特定のコツがもたらす動感だけは手放さないという態度が重要になる。

逆にいえば、この図式化が充実していればわざと失敗できる。フックとなるコツをあえて手放すことで、求められる動きを解体することができるというわけである。

音楽でいうなら、フォルティシモやピアニッシモ、クレッシェンドやスタッカートがこれにあたるだろう。今までのスポーツ経験や運動そのものへの好き嫌いによって、その人が動きを身につけるために最適な楽曲は異なる。コツを集めて楽譜を完成させたあとは、その楽曲を自分のからだに合った曲調に仕立て上げていく。楽譜をもとに楽曲を演奏するように、動きを仕上げるために必要な身体知が図式化である。

以上がコツの構造である。

おそらく多くの人が動きを習得するためにコツをつかむときに、知らず識らずのうちにこうした能力を発揮している。

その昔、一つ一つのコツを身につけるために真面目に取り組んだものの思うように動きが身につかなかった人は、もしかすると「価値覚能力や共鳴化能力が空虚」だったのかもしれない。そもそも動感を感じようとしていなかった人は「触発化能力が空虚」だった蓋然性が高い。あるいはしばらくその動きをせずにいたら途端にできなくなった人は、「図式化能力の空虚」に思い至るかもしれない。

感覚世界はとかく奥が深い。

## カン１／伸長化能力（徒手）

次に情況投射化身体知であるカンについて述べる。
この身体知は次の三つに分けられる。

①伸長化《しんちょうか》能力
②情況把握能力
③先読み能力

これらの能力はその性格からさらに二つに分けられる。

①伸長化能力＝　徒手《としゅ》伸長化／付帯《ふたい》伸長化
②情況把握能力＝　情況感能力／情況シンボル化
③先読み能力＝　予描《よびょう》先読み／偶発《ぐうはつ》先読み

それでは詳しくみていこう。

伸長化能力とは、文字通りからだがその輪郭を飛び越えて伸びる感覚である。「徒手」というのはからだが伸びる、「付帯」というのは道具にまで伸びる、という感覚を指す。

まず徒手伸長化のほうだが、たとえばサッカーのゴールキーパーは、背後を視認せずともゴールの横幅や高さがわかる。だからシュートを打たれてまもなくその強さや軌道をみて、背後にあるゴールの枠内から外れていればボールに触れない、枠内に収まっているからセーブする、という判断ができる。ゴールの枠外に放たれたボールにわざわざ触れるのは好ましくない。触れてゴールラインを割ればコーナーキックを相手に与えることになり、ピンチを招くことになるからだ。このときのゴールキーパーの身体感覚は、からだの内外を分ける境界線としての皮膚をはるかに超えて、背後のゴール付近にまで広がっている。身体感覚が拡張しているのである。

あるいはバスケットボールのドリブルをするときもそうだ。細かく移動しながらドリブルし続けられるのは、手から離れたボール付近にまで身体感覚が伸びているからである。急加速や急停止、急激な方向転換をしてもなおドリブルできるのは、この感覚が充実していることを意味する。ディフェンスの接近によってプレッシャーを受けてもドリブルしながらキープし続けるためには、この能力を涵養《かんよう》することが不可欠なのだ。

ラグビー経験を通じてずっと不思議に感じていたことがある。試合を観戦していると試合ごとにグラウンドの広さが変わって見えるのだ。カテゴリーが上になればなるほどグラウンドが狭く見える。高校生同士の試合も、オールブラックス（ニュージーランド代表チームの愛称）をはじめとする強豪国同士の試合でも、グラウンドの面積は同じであるはずなのに、主観的にはそれが伸び縮みする。

おそらくこれは、選手一人一人の徒手伸長化能力が広範囲にわたっているからだろう。どこにボールを運ばれてもそれをすぐさま察知できるという一人一人の身構えで、グラウンドに点在しているはずのスペースが塗りつぶされている。ディフェンスラインの背後には面積的に大きく広がるスペースがあるのだが、たとえそこにキックを蹴られてもすぐさま対応できるだろうという予測が、観る者に立つ。だから俯瞰的に見下ろす観客の目にはスペースがないように映る。

野球でもそうで、たとえば外野という広大なエリアをたった三人で守っているにもかかわらず、まるで打球が飛んでくるのを予測していたかのごとくさらりと捕球できるのは、選手に備わる徒手伸長化能力が高いからだ。ここまでなら捕球できるという範囲が、カテゴリーが上位になるほど広い。自分を中心に描いた円が広ければ広いほど手つかずのスペースはなくなる。

野球における守備範囲の広さはそのままこの能力に直結している。

この身体知は、心理学でいうところの「パーソナルスペース」と類似している。混み合うエレベーターの中で、他人との距離が近すぎてどこか落ち着かないという経験をしたことがある人は多いはずだ。あまりに距離が近すぎると自分という存在が脅かされるかのような体感を呼び起こす。脅かされていると感じるのは、自分という存在が皮膚を境界線とする自らのからだから拡張して、周囲の環境へとせり出しているからである。「縄張り」や「間合い」と言い換えても差し支えないが、私という存在は、周囲に「気」を張りめぐらすことで成り立っているともいえる。

だからほとんどの人たちは、その落ち着かなさをやり過ごすべく上を見上げてエレベーターの進み具合をチェックする。いち早くこの場を去りたいという潜勢《せんせい》的な欲求を抱えながら。

**歩きスマホは身体感覚を劣化させる**

さて、ここでもまた日常場面に目を向けてみよう。

たとえば駅のホームから落ちずに歩けるのがそうで、黄色い線の外側と内側とではその緊張感から身構えが変わるはずだ。内側だと安心できるが、外側だと人と接触するなどして落ちるかもしれない危険を察知して緊張感が増す。このとき、周囲の人との距離に敏感になり、歩きスマホの人とぶつかるかもしれない蓋然性を想像して、身体感覚は半径数メートルにまで伸びている。

駅だけでなく、渋谷のスクランブル交差点や梅田の地下街など、多方向からたくさんの人が流れ込む人混みを誰ともぶつかることなく歩けるのも、この能力が発揮されていると考えられる。

昨今、歩きスマホが社会問題となっているが、この問題についても徒手伸長化能力で説明がつく。

駅のホームに落ちる、あるいは誰かにぶつかるといった危険性については言わずもがなだが、それに加えて歩きスマホはそうして歩く本人の身体感覚を劣化させる方向に働く。画面に意識が固着することでこの伸長化能力を発揮する機会をみすみす逸しているからだ。

私たちのからだ、とくに身体感覚は、日常の何気ない場面でも使われている。刺激しなければ充実させることができないのが身体感覚であり、徒手伸長化能力が無意識のうちに情況に投射することによって育まれていることを思えば、とてももったいない。ここではないどこかに意識を向けるのではなく、「今ここ」に繋ぎとめておくこと。そうすることでからだそのものを練り上げることができる。

幼い子どもは、ときに人混みの前で立ち尽くす。あるいは親と手を繋ぐことでやっと歩き出せる。心身、とくにこの徒手伸長化能力が未発達だからこれは当然なのだ。誰しもが昔は幼い子どもだった。人混みを歩くといった、今となってはごく当たり前にできることも、その昔は十分にできなかった。これを思えば私たち大人のからだは実にかしこい。スポーツジムに通わずとも、科学的トレーニングに精を出さずとも、私たちのからだは身体感覚を駆使しながら日常場面を生きることによってひそかに育まれている。

## カン2／伸長化能力（付帯）

次は「付帯伸長化」だ。これは先にも述べたように道具にまで伸びる感覚である。この感覚を極限にまで鍛え上げた選手がイチローである。彼のからだはバットと一体化しているといっても過言ではない。

大リーグに移籍後、ボテボテのゴロで内野安打を量産する彼をアメリカメディアは批判した。クリーンヒットのような爽快感を伴わない「ボテボテの内野ゴロ」を、観客をはじめとする各メディアは受け入れなかった。ホームランに無上の価値を置くアメリカならではの批判である。それに対してイチローは、わざとボテボテのゴロを打っている、バットの芯をわずかに外すことで打球の勢いを殺して内野安打にしていると主張した。これも技術の一つであると断言した。そうして二〇〇本以上の安打を十年間打ち続けたことで彼の存在は徐々に認められ、小技を絡めてコツコツと得点を重ねる「スモールベースボール」の醍醐味を改めてアメリカ社会に知らしめたのは有名な話である。

芯をわずかにずらすというのは、ボールをバットに当てることがやっとの素人には想像もできない技術である。球速に緩急をつけ、変化球を織り交ぜて投げ込まれるボールを、あの細長いバットに当てるだけでも精一杯なのに、打点を精密にコントロールできるというのだからさすがプロフェッショナルだ。

この技術は、バットをまるで自分のからだの一部のようにフレキシブルに使える身体感覚があってこそ成立する。腕を動かすように、あるいは指先を使うような感覚で操作するのは、バットがからだの一部と化していなければ不可能だ。イチローは、大きく曲がったあとにワンバウンドしたボールすらヒットにできる。それほどにバットが身体化しているのである。

テニスプレイヤーが打つ瞬間にボールをこすり上げて回転をかける技術もそう。ゴルファーがドローやフェードを打ち分けるのもそう。彼らの身体感覚はラケットおよびクラブにまで伸びている。指先でなにかをつまむような確実な身体実感をもってそれらの道具を使っているのである。
当然この能力も日常場面で生かされている。

書き慣れたペンを使うときとそうでないときの感覚差が実感できる人は、この能力を発揮しているといえる。常日頃から使用しているペンが書きやすいのは、太さやペン先の柔らかさなどにからだが馴染んでいるからである。握ったときのなんともいえない落ち着きは、指先とそのペンとの境界がなく、まるで自分のからだの一部になっていることの証左である。どの指にどれくらい力を入れればよいのかがわかっている。というよりも、そんなことをわざわざ意識せずとも自然に握ることができる。

履き慣れた靴、着こなした服、長年かけ続けた眼鏡、アクセサリーなど、これらを身につけたときとそうでないときの身体感覚を比べると明らかな違いがあることに気がつくだろう。自動車もそうだ。運転に慣れたマイカーはアクセルやブレーキの踏み具合、車幅感覚がわかる。だが、レンタカーなど乗り慣れない自動車を運転するときにはそれがわかりづらい。しばらく運転するうちに馴染んでくるだろうが、それは道具としての自動車に自らの感覚を伸ばすことができるようになったからだ。「私が自動車を運転する」という主従関係ではなく、「私と自動車が一体化する」という並列的で融合的な現象がここには生起している。

この感覚差に注意を向けるだけで付帯伸長化能力はより充実してゆく。私がラグビー選手だったころに口酸っぱく言われた「道具にこだわりを持て」という助言は、ここにその真意があったのだと今になって思う。

ちなみにイチロー選手は他人のグラブやバットに触《さわ》らないそうだ。たとえわずかであっても他人の感覚が手に残るのが嫌なのだという。プロフェッショナルと呼ばれる人たちが自らのからだを通して辿り着いた経験知には、私たちが学ぶべきことがたくさん詰まっている。

## カン3／判断力としての情況把握能力

今一度、カンの構造をおさらいしておこう。

① 伸長化能力 ＝ 徒手伸長化／付帯伸長化
② 情況把握能力 ＝ 情況感能力／情況シンボル化
③ 先読み能力 ＝ 予描先読み／偶発先読み

①の伸長化能力についてはすでに詳《つまび》らかにしたので、次は②の情況把握能力と③の先読み能力について説明する。

これらの能力を端的に表すとすれば「判断力」である。

たとえばバスケットボールやサッカーなら、シュートをするかパスをするか、あるいはドリブルで突破を図るかを、ボールキャリアは判断する必要がある。自分をマークする選手の動きを観察し、さらにそれ以外のディフェンダーの立ち位置を考慮しながら、味方選手とコミュニケーションをとりつつ最適なプレーを選択しなければならない。

パスやシュートの技術に長けていても、この判断を間違えれば効果的なアタックは成就しない。千変万化する情況を把握することに努め、そうして把握した情況がこの先どのように変化するのかを予測（先読み）しながらのプレーを、これらの競技では求められる。

そしてこれはなにもバスケットボールやサッカーなどのゴール型競技だけにあてはまるわけではない。バレーボールやテニスなどのネット型、あるいは野球などのベースボール型であっても、それぞれの競技性に基づく判断力が求められるのは言わずもがなである。スポーツ、とくに集団競技では、この「判断力」を身につけることが、より高いパフォーマンスの発揮へとつながる。

つまり「判断力」とは、まず情況を正確に把握し、次いでそれをもとに予測（先読み）することである。

ということで、まずは②の情況把握能力についてみていこう。

この能力はさらに二つの要素に分けられる。

一つ目の「情況感能力」とは、文字通り、周囲の情況を感じ取る能力である。自分を取り巻く周囲の情況は、目を凝らして見ないとその様子を把握することはできない。網膜に写し取られている、つまり「ただ見えている」だけでは把握したことにはならない。自分を中心とした周囲に、敵方の選手と味方選手がそれぞれ何人ずつ、どのように分布しているのか。また敵味方それぞれの選手同士および自分との距離はどれくらいなのか、それらを感じ取ろうとしなければ、周囲の情況はただ視界に映っているだけの一景色にすぎない。

ボールや一人の選手を凝視していたのでは全体を捉えることはできない。なのでまずは視界に映る景色を余すところなく正確に把握すること。視界に映るすべてを、まるでカメラがシャッターを切るように一枚のピクチャーとして、目に焼き付けることが求められる。

次いで、そのピクチャーから奥行きを想像し、相手ディフェンスのかたちやそれに応じた味方選手の立ち位置を確認する。これができて初めて予測ができる。

いや、まだこの段階では正確な予測はできない。周囲の情況をすべて把握するためには、視界で捉えられる範囲だけでは不十分だからだ。自分を中心に三六〇度広がる時空間には当然、背後も含まれる。背後を含んだ情況を正確に捉えてこそ、正確な予測ができるようになる。

では「背後を見る」にはどうすればよいか。

ここまで読み続けてくれている人のなかには、気がついた方もおられるだろう。そう、気配感だ。始原身体知の一つである気配感で、視覚では捉えられない背後の情況を把握する。

つまり「情況感能力」とは、凝視ではなく周辺視で前方に広がる景色をピクチャーとして捉え、それに想像力を駆使して奥行きをもたらし、気配感で捉えた背後を加えて自分を中心とした前後左右の情況を把握する身体感覚である。

二つ目の「情況シンボル化」は、この情況感能力を備えてこそ発揮される。

情況を正確に把握したとしても、それに対する最適なプレーが選択できなければパフォーマンスには繋がらない。ディフェンスの隊形がわかっても、あるいはフォローしてくれている味方選手の分布がわかったとしても、その情況における最適なプレーが選択できない。なぜなら情況感能力を発揮して脳裏に描かれた「立体空間」は、いわばカオス（混沌）の様相を呈しているからである。

カオスを目前にしたときに私たちは立ち尽くすしかない。どこから手をつけていけばよいのかがわからないからだ。こちらの行く手を阻む選手の散らばり具合がわかったところで、その陣形を攻略する手立てが思い浮かばなければ、その先に進めない。複雑に絡み合った結び目を解くためには、ひとまずとっかかりを見つけ出さなければならない。

つまり、カオスを攻略するには「補助線を入れる作業」が必要だ。それが情況シンボル化である。

たとえばサッカーで自分がボールキャリアだとして、こちらの行く手を阻むディフェンスの人数とその分布、さらに味方選手の人数とその散らばりがわかっていたとする。だがこの時点では、敵味方が入り乱れているという点でカオスでしかない。だがよくよく目を凝らしてみると、左サイドでは自分を含めて攻撃する選手が三人、ディフェンスが二人という「数的有利な情況」であることに気がついた。敵味方が入り乱れるカオス的空間だったはずが、左サイドにかぎれば「三対二」という攻撃側に有利な情況が生まれている。ここをとっかかりにすれば攻撃を開始することができる。つまりカオス的情況を「三対二」で切り取るという意識作用が「補助線を入れる」ということである。

日常生活の場面に目を移してみよう。

何度も挙げたたとえで恐縮だが、私たちはたくさんの人が行き交う人混みを難なく歩くことができる。各々が目的地に向けてランダムに歩く情況を、カメラのシャッターを切るように瞬間的に捉える。そうして捉えつつ、「真向かいから近づいてくる人はやり過ごす」「左右から近づいてくる人は交差する」「背後から素早く近づいてくる人の気配を察してその進路を邪魔しない」「スマホ歩きの人を追い抜くときは近づきすぎずに素早く」という補助線を入れ、そうしてシンボル化された事柄を同時並行に実践するからこそ誰ともぶつからずに歩くことができる。

こうして私たちは知らず識らずのうちに情況感能力と情況シンボル化を同期的に働かせながら、人混みを歩いているのである。

## カン4／判断力としての先読み能力

勘のよい方はお気づきかもしれないが、このとき私たちはすでに先読み能力をも同時に働かせている。情況は絶えず動いている。自らの前後左右でそれぞれの思惑で歩く人々は常に移動し続けている。カオス的情況は時間の経過に伴ってさらにその複雑性を深め続けている。一瞬たりとも止まらない情況に対応するためには、その後どのように変化するのかを予測しなければ、判断は下せない。判断を下せなければ一歩たりとも足を動かせない。

スポーツ場面でも日常生活でも、眼前の情況は流動的に変化し続ける。ちょっとだけ先の未来を想像することなしに行動を開始することはできない。

目前の情況を正確に捉える（＝情況感能力）。

それへのとっかかりを見つける（＝情況シンボル化）。

経時的変化を考慮に入れる（＝先読み能力）。

この一連の作業を私たちは慣習的に「判断力」と呼んでいるのである。

最後の先読み能力は、その性質上さらに二つに分けられるので、こちらも説明しておく必要がある。

まず予描先読み。これは、読んで字のごとくあらかじめ予測する能力のことで、たとえば野球の打者は、一球ごとにバッターボックスを外して投手の配球を予測する。ゴルフならば、ティーショットの前には風向きやコースのアンジュレーション（起伏）を読んでクラブの選択をする。静止した状態で、それなりの時間をかけてじっくり先読みするのがこの能力だ。

これとは対照的に、バスケットボールやサッカーだと相手にボールを奪われないようにキープしながら、あるいはラグビーなら相手のタックルを避けながら、自ら突破するかパスやキックをするかの判断をするために予測しなければならない。時間をかけてじっくり考える時間などなく、常にからだを動かしながらの予測が求められる。人混みを歩くときもそうで、瞬間的に予測しなければならない。これを偶発先読みという。

つまりこの両者の違いは、予測（先読み）にかかる時間の差異にある。

これまでに身につけた知識や経験知を検索しつつ、それを積み上げていくのが予描先読みだとすれば、知識や経験知を同時多発的に掘り起こしてほとんど感覚的に一瞬で答えを導くのが偶発先読みになろう。これは今までの競技経験から得手不得手《えてふえて》が表れやすい身体知ともいえる。ちなみにラグビー経験者の私は偶発先読みのほうが得意で、予描先読みは苦手である。

バレーボール元日本代表の竹下佳江氏は、その著書『セッター思考』（ＰＨＰ新書）の中で、調子がいいときは自分の姿を含む情況を上空から見下ろした景色が見えると述べている。これは周囲の情況を俯瞰的な視座から捉えていることを意味する。竹下氏はおそらく、ここまで紹介した三つの身体知を駆使することで「自分を客観視する視点」を身につけた。

究極にまで判断力を高めると「私とあなた」という構図は消え失せ、自らが置かれた情況をまるで上空から見下ろすようにくっきりと「見える」ようになる。「なんとなく感じる」のではなく「見える」というこの体感レベルは、長らくラグビーをしてきた私にはとてもよくわかる。ここまで感覚を研ぎ澄まさなければ、トップレベルの試合でパフォーマンスを発揮することはかなわないのである。

## 洗練化身体知

### 優勢化能力

私たちが「生まれつきの運動神経」と認識しているのが「始原身体知」、それに基づいて「特定の動きを身につけるための能力（コツとカン）」が「形態化身体知」である。この二つについて、ここまで身近な例を挙げながら説明してきた。

先に示した通り、運動習得のための身体知にはさらに「洗練化身体知」も含まれる。これは読んで字のごとく、動きを洗練させていくための動感感覚である。形態化身体知が、できないことができるようになる、すなわち「ゼロを一にする」ためのものであるとするならば、この洗練化身体知はすでに身につけた動きをより精妙にしていく、つまり「一を二や三にしていく」ために発揮される。

野球ならば、投げるという動きを身につけたのちに、球速を上げる、カーブなどさまざまな球種を投げ分ける、制球力を上げるといったことになる。バッターだと打ち方を身につけたのちに、ライトにもレフトにも打ち分ける、わざとファールをするなどがこれに当たる。動きそのものの質を深める、すなわち磨き上げていくときにも固有の身体知が存在するのである。

ただこの身体知は、集中的に一つの種目に打ち込むときに主に必要となるもので、その内実はより専門的な分析と、それに基づいた記述が求められる。その性質から微に入り細を穿った表現をせざるをえず、そうして書かれるテクストはどうしても論旨《ろんし》が複雑になる。身体感覚はその全貌を言葉で理路整然と語り尽くせないからだ。たとえ複雑性をともなうテクストであっても、集中的にスポーツに取り組むなど運動習得にわりと真剣に打ち込んだ人なら腑に落ちると思われるが、運動そのものに二の足を踏む人たちにはいささか不明瞭な内容になる蓋然性が高い。

そもそもここまで身体知がなんたるかを説明してきたその目的は、筋トレがつい見落としがちな感覚世界を明らかにすることであった。この当初の目的から逸脱しないよう、またあまりに複雑なロジックで読者が置き去りにならないように、ここでは洗練化身体知のうちのいくつかを抜粋するにとどめたい。その全貌についてはまた稿を改めて書くことにする。

では始める。

身につけた動きを洗練化するための身体知の一つに「優勢化能力」がある。これは左右差を

## 洗練化身体知

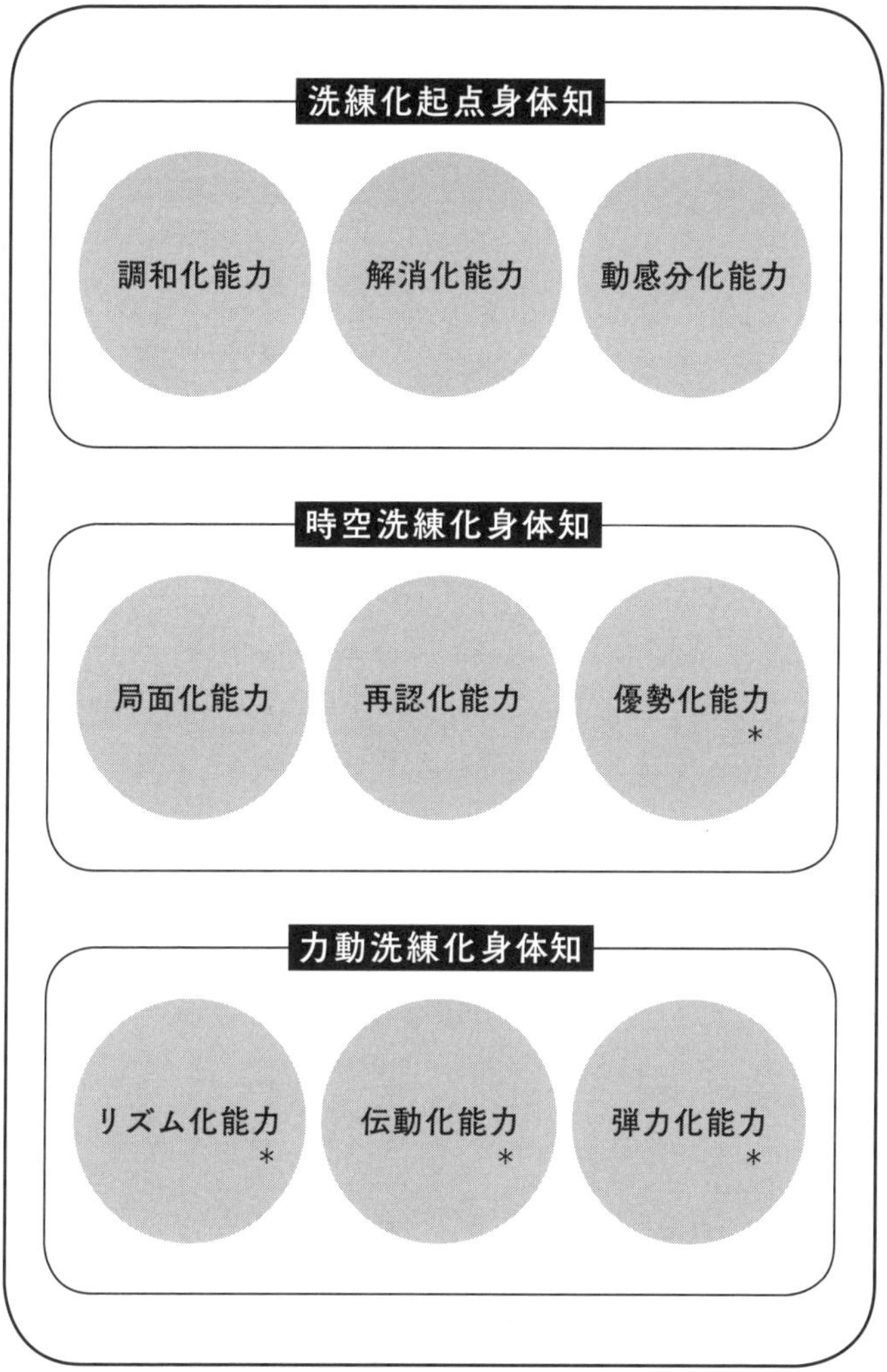


本書では * で示した能力について説明している

感じ取ることができるというものだ。

誰しも利き手や利き足、利き目がある。操作しやすいほうの手で箸を持ち、鉛筆を持つ。ボールを蹴るとき、あるいは道端に落ちている石ころを蹴るときには、利き足を使う。ものを見るときに私たちは両目で捉えていると感じてはいるが、実は利き目を中心に使っている。手も足も目も右と左が一対になっていて、そのあいだではどうしても得意不得意の差が生じる。

だがほとんどのスポーツにおいて左右差はないほうがよい。サッカーなら右脚でも左脚でも蹴れたほうがよいのは言わずもがなだ。バレーボールのオーバーハンドパスやアンダーハンドパスは、利き手に力が入りすぎないように両手をうまく調和させないとうまくボールをコントロールできない。ラグビーでもパスやキックは左右差なく行えるのが理想だ。

利き手や利き足の使いやすさに頼るのではなく、その使いやすさから出発して利き手や利き足とは反対の手足に意識を向けてその差を感じ取る。そして、使いにくさという違和感を解消すべく左右の調和を図ることで動きは洗練されてゆく。だからアスリートは、あえて苦手なほうの手足を使って投げる、蹴る、箸を使うなどして、身体感覚を深めるように努めるのである。

ちなみに私は利き手とは逆の左手でも箸を使って食事ができる。当初は苦労したものの、ねばり強く取り組むことで徐々にできるようになった。なかでもとりわけ難しかったのは、茶碗に盛られた白ご飯を食べるときで、指先が攣《つ》るようなもどかしさに何度もイライラしたが、「あること」に気づいてからはうまくご飯をつかめるようになった。それは、茶碗を持つほうの手の使い方である。茶碗を微妙にかたむけることがコツだったのだ。左右の手を調和する、すなわち「全身協調性」がいかに大切かを身をもって実感したのだった。

## 力の入れ方——リズム化、伝動化、弾力化

この他には「力の入れ方」を仕上げるための身体知がある。

そのうちの一つである「リズム化能力」とは、文字通り動きのリズムを感じる力だ。これは形態化身体知のときに述べた共鳴化能力の発展版といっていい。動感メロディーが奏でられるようになったのちに、そのメロディーのリズムを意図的に変えることでその動きは洗練化する。

四ビートよりも八ビート、八ビートよりも一六ビートのほうがより小刻みな動きになる。同じ楽曲であっても刻むビートの数で曲調は大きく変化する。リズムを変えることで動き全体をハンドルし、情況に応じて力の入れ方を調整する力がリズム化能力である。

続いて二つ目は「伝動化能力」である。これは勢いを伝える力で、たとえば幅跳びでは助走の勢いを損なわないようにジャンプしなければならない。速度を上げて勢いよく助走しても、

踏み切るときにそれをうまく伝えられなければ遠くに跳ぶことはかなわない。ボールを投げるという動作も、体幹をひねったり振り被るなどして得た勢いをうまくボールに伝えなければ、速球は投げられないし遠くまで飛ばない。勢いはからだの内奥《ないおう》に溜め込んだエネルギーを放出することで生まれる。助走や振り被ることで溜め込んだエネルギーをうまく利用する力が伝動化能力である。

これと似たような身体知に「弾力化能力」がある。これは反動を利用する力で、たとえばボールを蹴るときだと軸足で、あるいはボールを投げる場合なら踏み込み足で、地面からの反力を受け取る動感である。この弾力化能力は先ほどの伝動化能力とセットで発揮されることが多く、さらにリズム化能力とも連動していて、総じて「力の入れ方」を深める身体知だといえる。

## 身体知が「このからだ」に息づいている

以上が、私たちのからだに備わっている身体知の概要である。すべての動きは、これらの身体知がそれぞれ連動し、呼応し合いながら発揮されている。運動主体は、そのように動きたいという意欲に支えられて、ほとんど無意識的にこれらの身体知を駆使している。

これまでにも述べたけれど、運動そのものを根っこで支えている身体知の一つ一つは、けっして数値化できない。だからわかりにくい。向上しているかどうかの手応えも曖昧で、身体実感に乏しい。だから瞬発力や持久力、筋力などの目に見えてわかりやすい数値化できる能力についつい意識が向く。

だが、運動習得場面では実際にこのような身体知が「このからだ」に息づいていることを、忘れてはならない。

筋トレは身体知が発揮される豊饒な感覚世界から意識を逸らす蓋然性がある。「全身協調性」が損なわれることで怪我を誘発し、動きの質を深める契機を損なうというこの弊害を見過ごすことは、長らく「このからだ」と向き合いつつスポーツに打ち込んだ者からすれば到底できない。ハイパフォーマンスを獲得するためにあくせくした日々から学んだことは、後世に正しく伝えなければならない。あとに続くスポーツに親しむ者、とくに子どもたちに向けて、ここに落とし穴がある、この先は断崖絶壁が立ちはだかるといった標識を立てておくのが、先輩としての使命だと私は思っている。

科学はスポーツを変えつつある。しかもその変容のスピードはものすごく速い。わかりやすく、そして便利になるということは歓迎すべきではある。だが速度があまりに速すぎて、けっして変えてはいけない真理をも侵食している気がしてならないのだ。科学的知見によって発展したことはもちろんあるが、「わかりやすさ」を追求するがあまりに捨象される現象が多すぎると私には感じられる。

その最たるものが感覚世界である。

十九年ものあいだラグビーというスポーツに打ち込んで、ようやく辿り着いた地点から見える景色の一つが筋トレの弊害である。それはすなわち感覚世界の矮小化《わいしょう》であり、身体知の空虚化である。紆余曲折の過程でつかんだ身体実感と、これまでの研究を合わせて、ここに警鐘を鳴らす次第である。

# 終章

# 脱・筋トレ思考

## 「うまく立ちゆかない場面」に遭遇したとき

長らく生きていると「うまく立ちゆかない場面」に遭遇することがままある。家族や友だちと喧嘩をした、テストのヤマが外れた、受験に失敗した、部活動でどうしてもレギュラーになれない、バイト先の店長とウマが合わない、両親が離婚をした、勤め先を解雇された、非正規採用だから将来設計が描けない、自然災害によって住み慣れた土地から離れざるをえなくなったなど、それぞれに悩みが尽きないのが人生である。望み通りの人生を歩むにはどうすればよいかという、答えのない問いを抱えながら私たちは生きている。

だから私たちは知識を身につけようと勉強をする。それを知恵に結びつけるために思考を繰り返す。良好な人間関係を築くためにコミュニケーション能力を高め、礼儀を身につけるために日々の努力を欠かさない。世間の荒波に飲まれないように、ささやかな幸せを求めて、日々の営みに精を出す。多数派のもっともらしい意見に流されないように、でも他者の考えを尊重しながらそれに耳を傾けて、自らを高めようと必死になる。

悩みは人それぞれである。だから「うまく立ちゆかない場面」を乗り越えるためには自分自身でなんらかの答えを見つけ出すしかない。自分以外に、今ここにいる自分の代わりをすることはできない。考えに考え抜いてひねり出した解決方法が、たとえ傍目から見て間違っていたとしても、それを足がかりにとにもかくにも一歩を踏み出すしかない。自らの信念に基づき、あるいは師匠や信頼できる人からの助言に従って、ありったけの勇気を振り絞るしかない。

大切なのは自らの頭で考えること。知識と経験を整理することで築き上げた己《おのれ》の価値観を信じて歩んだ先に、ふくよかな人生が待っている。

スポーツ選手にとっての「うまく立ちゆかない場面」は、このからだでできることを増やす、つまりパフォーマンスの向上である。試合に勝つこともそうだが、それは副次的なことにすぎない。勝利を目標にすることによってそのプロセスが充実するから、あえて勝利にこだわるだけだ。パフォーマンスが向上することによって結果的に勝利を収めることができる。だからあくまでも主眼はパフォーマンスの向上にあって、勝利ではない。

これを取り違えたのが勝利至上主義である。

経験者なら痛感しているだろうが、パフォーマンスを向上させるのは言葉で言うほど簡単ではない。「心技体」の充実なくしてそれは達成できない。強靭な精神力を身につけ、技術を高めて、それらの容れ物としての体を鍛える。心と技と体、それぞれが重層的に折り重なって初めて望む結果に結びつく。アスリートなら勝利に、部活動をはじめとする教育的スポーツに励む少年少女なら心身の成長や発達、生涯スポーツに親しむ老若男女なら健康や社交が果たされる。

望む結果に違いはあれど、これらに共通するのは「しなやかなからだ」である。ここで言う「しなやかさ」に私が託しているのは、人生をご機嫌に生きることができるという意味である。すなわち「うまく立ちゆかない場面」に遭遇しても、怯《ひる》まず、焦らず、自信を失わずに、たとえそれを乗り越えるための手立てがすぐに見つからなくても、辛抱強く、腰を据えて取り組むことができる、人としての強さを備えているのが「しなやかなからだ」だ。

充実した心と技と体を併せ持つからだを表現したくて、ここまであえて「からだ」とひらがな表記で綴ってきた。長年の競技経験を通じて得た「このからだ」への実感は、極めて重層的で多面的であった。「このからだ」に潜在する能力や、それが顕現したときのなんともいえない身体実感を表現するためには、私の筆力ではどうしてもこういう書き方をせざるをえなかった。

誠にややこしくて申し訳ない。

だが、この複雑性こそがからだの本質なのである。

複雑性がその本質であるからだをしなやかに練り上げていくためには、その方法もまた複雑になる。筋トレというシンプルなトレーニングだけでは、しなやかなからだはけっして手に入らない。むしろしなやかさを損なう方向に働くことはすでにみた通りである。感覚世界における適切なふるまい方ができなくなるということの落とし穴は、今一度声を大にして言っておきたい。

スポーツでも人生でも、ときおり訪れる「うまく立ちゆかない場面」は、まるで複雑に絡み合った結び目である。どこをどう解《ほど》けばよいかがよくわからない。結び目を眺めながら解けそうな場所に目星をつけて、一つ一つ根気よく紐を引っ張るしか解決方法はない。

しかしながら端的に結び目をなくす方法が一つだけある。それはナイフで一刀両断にすることだ。そうすれば結び目はなくなる。

だが、果たしてこれで解決したといえるだろうか。ちぎれた紐が散乱する様を見て、これで落着したと思えるだろうか。もしこれがからだなら、「全身協調性」をぶった切ることになるし、人間関係なら傷ついた人たちが増えることになりはしないだろうか。

このシンプルな解決法に頼らない思考を私は「脱・筋トレ思考」と名付ける。「うまく立ちゆかない場面」を克服するときには、その本質としての複雑性をそのまま認めるという態度が、スポーツ界のみならずあらゆる分野で、今、求められている。

## 筋トレ主義から脱・筋トレ思考へ

最後に、シンプルな解決方法に頼らない「脱・筋トレ思考」を手に入れるためにはどうすればいいかを、整理しておきたい。

まず現役選手が目指すのはパフォーマンスの向上である。それを達成するためには「全身協調性」を高めることを念頭に置くことが大切だ。からだの各部位を連動させ、その連動性をより密にしていくことで、競技力の向上は果たされる。

当然のことながら運動に筋肉は不可欠である。だからスポーツ活動においてそれを鍛えることは避けられない。しかしながら、ただ筋肉だけにターゲットを絞り、それを肥大させる筋トレには落とし穴が潜んでいる。それは「全体協調性」を高めるのに必要な身体感受性を衰えさせ、感覚世界からその豊かさを奪い去ることである。競技力の向上と同意の「全身協調性」は、豊饒な感覚世界を手探りで歩くことでしか手にすることができない。

だから筋トレは、あくまでもパフォーマンスを向上させるための一手段にすぎないことを自覚しておく。「つけた筋肉」と「ついた筋肉」が違うことを意識するだけでも、そのやり方やのちの効果が変わるはずだ。

まさに暗闇である感覚世界に身を置き続けるために、適度に休息を取りながら意欲を育み続けることも、選手には求められる。そしてこの延長線上に「怪我をしないからだ」が作られていくことも、忘れてはならないだろう。また、数値化されない身体能力である「身体知」の観点から自らのパフォーマンスを振り返る習慣も、身につけてほしい。

目に見えないながら、でも確実に働いている力が、このからだにはあるのだから。

次にスポーツ指導者や体育教員は、わざの伝承やコツやカンの伝達を目指す。それには兎《と》にも角《かく》にも身体感覚の言語化に努めることが大切になる。パフォーマンスそのものは、数値化されたデータだけでは測れない。身体知なるものが発揮されてこそさまざまな動きがまとまったかたちになる。つまり、一つのわざになるのだから、身体知の働きとしての身体感覚をどれだけ言葉で説明できるかが、指導者の力量となる。

振り返った形跡のないむき出しの経験論や根性論を持ち出し、ときに暴力的な言動でひたすら鞭を打つような厳しい指導に陥らないためにも、自ら発する言葉に磨きをかける作業は不可欠である。身体知を言葉で解体するこの作業には、恐れと不安がつきまとう。それに怯むことなく、感覚的な部分を損なわない程度に論理性を保つという絶妙なバランスで成立する指導言語を、すべての指導者は身につけなければならない。

難しい、とは思う。だが、その境地を目指して歩みを進めるという態度でいれば、然るべき言葉は自《おの》ずと身についてくるはずだ。感覚と論理という両極のあいだでバランスを取ろうとするときの不安定さから、血の通った言葉は生まれる。精神論に頼らず、スポーツ科学に丸投げしないという節度さえあれば、感覚世界に生きる選手や子どもに寄り添うことのできるスポーツ指導者や体育教員になれると、私は思う。

最後に、スポーツに携わらない一般の人が目指すのは健やかなからだを手に入れることである。そのためには、からだからのシグナルに耳を傾け、それを信じることが大切だ。ここまでみてきた通り、他人に接触することなく人混みを歩けるのは身体知が発揮されているからである。無意識的に発揮されているこうした身体知に気づくためには、気が向いたときでいいから何気ない日常動作の一つ一つを観察してみればいい。「このからだ」にちょっとだけ意識を向けるだけで、なんらかの応答があるはずである。

たとえば、歩行中に足指を意識してみる。靴に押し込められていつも窮屈な状態に置かれている足指を、現代人はほとんど使っていない。都市部ではほとんどの道がアスファルトで整地されて平坦だから、足指を使わずともスタスタと歩けてしまう。そもそも足指は、砂浜や砂利道などの不整地を歩くときにその力を発揮する。足を踏み出すたびに地面を捉えて、からだ全体のバランスを保っている。そうして歩きながら動感を確かめるだけでも、からだはその健やかさを取り戻してゆくだろう。

歩きスマホをやめて耳に聞こえる音の種類を数えるのもそうだし、街を歩きながら軒を連ねる店舗に目を向けるのもそう。私たちの「このからだ」は、たとえ意識しなくても周囲の情況を知覚しているのだから、意識をスマホの画面に縛りつけることなく外に向けてやれば、必然的にからだの感覚機能は高まるものだ。

スポーツに関わる人から、そうではない人まで、すなわち現代社会を生きる私たちのからだを、その健やかさにおいて解放する。健やかで、しなやかなからだを手に入れるために必要な考え方が「脱・筋トレ思考」であると、私には思われる。

# あとがき

三百年以上にわたって読み継がれている『パンセ』の中で、パスカルは次のように述べている。

あることについての真理が知られていない場合、人間の精神を固定させる共通の誤りがあるのはよいことである。たとえば、季節の移り変わりや、病気の進行などを月のせいにするたぐいである。なぜなら人間のおもな病は、自分の知りえないことについての落ち着かない好奇心だからである。こんな無益な好奇心のなかにいるよりも、誤りのなかにいるほうが、まだ、ましである。

生きていく上で不安や迷いを抱くことは精神の病であり、混迷のうちに漠然としたストレスを抱えるより、たとえそれが間違っていようが多くの人が信じる迷信を頼ったほうがよいというこの言明には、なるほど得心がゆく。

運動能力を高めようとするとき、なにから手をつけたらいいのかわからず無為に時間を浪費するくらいなら、筋トレに励んで筋肉を太く大きくする努力をしたほうがよい。筋トレだけでなく、スポーツ以外の分野でさまざまな課題に直面したときもそうだろう。まことしやかな手段にすがりついて、ひとまず努力感を味わうほうが精神衛生上は好ましい。

ここに異論はない。

ただ、このテクストをよく読めば、パスカルは手放しでよしとはせず、「まだ、まし」だといっているにすぎないことがわかる。さらには「あることについての真理が知られていない場合」という条件を付けている。つまり、真理が十分に探求されていないことがらについてのみ、「共通の誤り」にすがりつくのを一時的に認めているだけである。

科学はからだにまつわる真理を探求してきた。それは今も続いている。スポーツや体育分野における運動習得やわざの伝承に関する知見は、これまでの研究が積み重なってそれなりの厚みをもつようになった。情報化社会の到来で、それらの知見にわずかな労力でアクセスできるようになった私たちはもう、精神を安定させるために「共通の誤り」にすがるフェイズにはいないはずだ。「誤り」ではなく「真理」で精神を満たす段階に突入しているのである。

この本を通じて私なりに指し示した真理が「脱・筋トレ思考」である。玉石混淆の情報を取捨選択し、「うまく立ちゆかない場面」を乗り切るための思考の仕方を、そろそろ私たちのあいだで共通の認識にすべきだと私には思われる。

わかりやすさばかりを追い求めるのではなく、わかりにくさを受け入れつつ、手をつけられるところからじっくりゆっくり解《ほぐ》していく。こうした思考習慣を私たちの常識に登録すること。これが、私がこの本に託したささやかな願いである。

最後に謝辞を述べたい。

筋トレをテーマに書くというアイデアをもらった編集者の三島邦弘さんには、脱稿ギリギリまでアドバイスをいただいた。その時々のひらめきで文章を書くスタイルの私が、ここまで体系立てた本に仕上げることができたのは三島さんがいたからである。煮詰まって筆が進まなくなったときに二人で飲んだお酒の味は、今もはっきり憶えている。

また連載時には原稿をオモシロがってくれて、送稿後すぐに丁寧な感想をいただいた新居未希さん、田渕洋二郎さん、野﨑敬乃さんが、風前の灯となりつつある私の意欲に根気よく火をくべ続けてくれた。粘り強く私の意欲を育んでくれたミシマ社の方々がいなければ、最後まで書き切ることは到底できなかった。心を込めて感謝の意を示したい。

そしてなにより、いつも傍らにいて、浮き沈みの激しい私を支え続けてくれた妻には心から感謝している。無邪気に笑いかけてくる一歳になったばかりの娘と二人、この本の完成を黙して待ち続けてくれる様子は、なによりの励みになった。この場を借りてお礼を言いたい。

本当にありがとう。

二〇一九年七月　初夏の日差しを遮る涼やかな研究室にて

平尾　剛

【参考資料】

石田雄太『イチロー・インタヴューズ』文春新書（二〇一〇）
市川浩『精神としての身体』勁草書房（一九七五）
稲垣正浩・今福龍太・西谷修『近代スポーツのミッションは終わったか　身体・メディア・世界』平凡社（二〇〇九）
内田樹『私の身体は頭がいい』文春文庫（二〇〇七）
内田樹『武道的思考』筑摩選書（二〇一〇）
内田樹『修業論』光文社新書（二〇一三）
内田樹『日本の身体』新潮文庫（二〇一六）
小笠原博毅・山本敦久編著『反東京オリンピック宣言』航思社（二〇一六）
小笠原博毅・山本敦久『やっぱりいらない東京オリンピック』岩波ブックレット（二〇一九）
長田弘『記憶のつくり方』朝日文庫（二〇一二）
金子明友『身体知の形成（上）（下）』明和出版（二〇〇五）
金子明友『スポーツ運動学』明和出版（二〇〇九）
金子明友『運動感覚の深層』明和出版（二〇一五）
金子一秀『スポーツ運動学入門』明和出版（二〇一五）
斎藤慶典『フッサール　起源への哲学』講談社選書メチエ（二〇〇二）
沢庵『不動智神妙録』池田諭訳、タチバナ教養文庫（二〇一一）
田口茂『現象学という思考〈自明なもの〉の知へ』筑摩選書（二〇一四）

竹内敏晴『「からだ」と「ことば」のレッスン　自分に気づき・他者に出会う』講談社現代新書（一九九〇）
竹田青嗣『現象学入門』ＮＨＫブックス（一九八九）
Ｍ・チクセントミハイ『フロー体験　喜びの現象学』今村浩明訳、世界思想社（一九九六）
平尾誠二・松岡正剛『イメージとマネージ　リーダーシップとゲームメイクの戦略的指針』集英社（一九九六）
平尾剛『近くて遠いこの身体』ミシマ社（二〇一四）
藤井英嘉・稲垣正浩『スポーツ科学からスポーツ学へ』叢文社（二〇〇六）
三木四郎・灘英世編著『ボール運動の運動感覚指導』明和出版（二〇一八）
Ｍ・メルロ＝ポンティ『行動の構造〈上〉〈下〉』滝浦静雄・木田元訳、みすず書房（二〇一四）
安田登『あわいの力　「心の時代」の次を生きる』ミシマ社（二〇一三）
鷲田清一・山極寿一『都市と野生の思考』インターナショナル新書（二〇一七）
鷲田清一『悲鳴をあげる身体』ＰＨＰ新書（一九九八）
『Sports Graphic Number Do 2015 vol.19』文藝春秋（二〇一五）
『Sports Graphic Number ８７６号　イチロー主義』文藝春秋（二〇一五）
『Sports Graphic Number ９０３号　ＭＬＢ２０１６　イチロー未踏の地へ。』文藝春秋（二〇一六）
「谷口50歳ジャンボ超え最年長Ｖ」『デイリースポーツ』（二〇一八年五月十四日付）
「元世界最優秀選手に聞く「日本のラグビー」」『日本経済新聞』（二〇一三年三月二日付）

本書は、「みんなのミシマガジン」(mishimaga.com)に「近くて遠いこの身体」(二〇一五年一月から二〇一八年三月)、「脱筋トレ宣言」(二〇一八年四月から二〇一九年五月)と題して連載されたものを再構成し、加筆・修正を加えたものです。

平尾 剛（ひらお・つよし）
1975年大阪府出身。神戸親和女子大学発達教育学部ジュニアスポーツ教育学科教授。同志社大学、三菱自動車工業京都、神戸製鋼コベルコスティーラーズに所属し、1999年第4回ラグビーW杯日本代表に選出。2007年に現役を引退。度重なる怪我がきっかけとなって研究を始める。専門はスポーツ教育学、身体論。著書に『近くて遠いこの身体』（ミシマ社）、『ぼくらの身体修行論』（内田樹氏との共著、朝日文庫）、監修に『たのしいうんどう』（朝日新聞出版）がある。

脱・筋トレ思考
2019年8月29日　初版第1刷発行

著　者　平尾 剛

発行者　三島邦弘
発行所　（株）ミシマ社
152-0035 東京都目黒区自由が丘 2-6-13
電　話　03-3724-5616
F A X　03-3724-5618
e-mail　hatena@mishimasha.com
U R L　http://www.mishimasha.com
振　替　00160-1-372976

装　丁　尾原史和（BOOTLEG）

印刷・製本　（株）シナノ
組版　（有）エヴリ・シンク

© 2019 Tsuyoshi Hirao
Printed in JAPAN

本書の無断複写・複製・転載を禁じます。
ISBN　978-4-909394-25-5

好評既刊

## 近くて遠いこの身体

**平尾 剛**

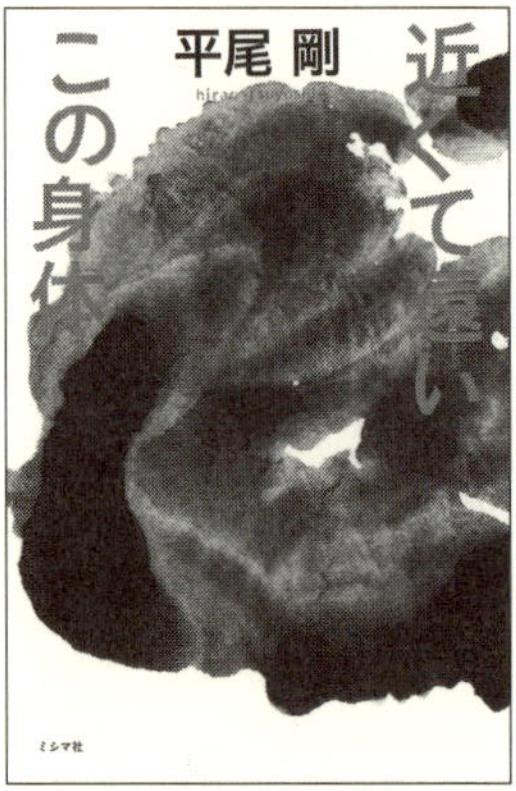


筋肉を捨て、感覚を深めよ。

元ラグビー日本代表が見つけたスポーツ科学とはまったく異なる視点＆「身体」と「教育」の新たな接点。体育教師、スポーツ関係者、必読！！

ISBN：978-4-903908-55-7
1700円（価格税別）